家教三分教 七分等

谢 毅 柴一兵◎编著

北京工业大学出版社

图书在版编目（CIP）数据

家教三分教七分等 / 谢毅，柴一兵编著．—北京：
北京工业大学出版社，2014.1（2022.3 重印）
ISBN 978-7-5639-3755-4

Ⅰ. ①家… Ⅱ. ①谢… 柴… Ⅲ. ①家庭教育 Ⅳ.
① G78

中国版本图书馆 CIP 数据核字 (2013) 第 299587 号

家教三分教七分等

编　　著：谢　毅　柴一兵
责任编辑：符彩娟
封面设计：胡椒书衣
出版发行：北京工业大学出版社
　　　　　（北京市朝阳区平乐园 100 号　邮编：100124）
　　　　　010-67391722（传真）　　bgdcbs@sina.com
经销单位：全国各地新华书店
承印单位：唐山市铭诚印刷有限公司
开　　本：787 毫米 ×1092 毫米　1/16
印　　张：14
字　　数：197 千字
版　　次：2014 年 1 月第 1 版
印　　次：2022 年 3 月第 2 次印刷
标准书号：ISBN 978-7-5639-3755-4
定　　价：39.80 元

前　言

　　"不要让孩子输在起跑线上"，这是如今很多家长的教育口号。面对如今日益激烈的社会竞争和越来越大的就业压力，家长们不得不为孩子的将来担忧。为了不让孩子输在起跑线上，家长们就开始给孩子施压：发现孩子成绩下降就如临大敌，拼命地送孩子进各种补习班；不问孩子的意见就送孩子进各种特长班；发现孩子犯错了就严厉地批评甚至惩罚孩子……家长在教育上的功利意识和揠苗助长的举动，正在扭曲教育的本质，也不利于孩子的健康成长。

　　俗话说："十年树木，百年树人。"孩子就像一棵树苗，有自己的生长规律，需要时间去成长。人的成长和树木一样，是一个由量变到质变的过程，需要漫长的等待。因此，做父母的急躁不得，更不能揠苗助长，只能尊重规律，耐心等待孩子的成长与进步。正如一位智者曾说过的那样：人生并不是一场短跑，而是一场马拉松比赛。孩子的成长是一个漫长的过程，也是一个不断实践、不断犯错、不断成长的过程，家长一定不能心急，要尊重孩子，相信孩子，放手让孩子去经历所有他们应该经历的，耐心等待孩子成长。

教育是等待的艺术，是期盼与固守，是尊重、宽容、信任与耐心的集合体。

本书从教育的长远性出发，告诉各位家长，等待在孩子成长的过程中是多么重要。在书中，作者以关切的态度、细腻的笔触，从学习的慢教到心理成熟的慢养，从良好习惯的养成到优秀品格的培养，从与孩子的耐心沟通到人生道理的慢慢领悟等方方面面，细致地向广大父母介绍了如何才能掌握等待这门教育艺术，如何才能找到教育的最佳法宝，取得亲子教育的成功。书中还特别将一些父母因急于求成而揠苗助长的错误教育事例呈现在家长面前，希望能够给家长一些启示，让家长正确认识到教育子女成才是一个缓慢的过程。在孩子成长的过程中，父母一定不能心急，唯有抛弃急功近利的浮躁，耐心等待，才能让孩子得以享受成长的快乐，找到适合自己的人生之路。

本书用生动的语言来解读教育的等待观，通过生活中的生动故事，为家长们全面系统地演绎了一系列实用有效的方法，告诉父母如何在等待中教育孩子，陪伴孩子成长。阅读本书的过程，将是父母学习等待的智慧的过程，这不仅对教育孩子有益，对于提高父母自身的修养也有着深刻的意义。

目　　录

第一章　用爱心和耐心陪伴孩子成长

成长是一个漫长的过程，作为孩子成长路上的领路人，家长们任重而道远。每一个孩子都是一块璞玉，他的才华、天赋需要父母用爱心去发掘，用耐心去雕琢。也许你暂时没有看到孩子的进步，但不要着急，请你将深沉的爱化作耐心的守候，放低期许，放慢脚步，悉心教育，在某一天你就会发现你的孩子变了，成长了。教育就是"三分教七分等"的艺术，这个过程需要父母静下心来，以爱心和耐心助孩子一臂之力，伴他们快乐成长。

第二章　用信心和智慧等孩子慢慢成熟

果实的成熟，需要经过漫长四季的培育和等待，孩子的心理成长也是如此，需要父母耐心地引导和守望。父母要用心研究孩子的心理需求和个性特点，懂得用爱心和智慧去教育孩子，当孩子愤怒、悲伤、失落、痛苦时，"停、看、听"三部曲便可以重新奏响孩子快乐生活的乐章，当孩子产生嫉妒、逆反、悲观等不良心理时，爱的阳光便能温暖孩子敏感脆弱的心灵，帮助他们走出心理阴影。孩子的心，需要父母用信心去读懂，用时间去滋养。

第三章　在教和等中塑造孩子的优秀品格

　　成长的路不会一帆风顺，在孩子人生的道路上会有许多的困难与挫折。智慧的父母需要在孩子说"我不行"时，告诉孩子"我不相信你不行"，帮助孩子树立自信心；需要以积极乐观的态度感染孩子，引导孩子快乐地生活；需要在日常生活中放手让孩子去尝试、去经历、去磨炼，提高孩子的抗挫折能力和意志力……如此，智慧的父母懂得在生活中不断地培养孩子的优秀品格，帮助孩子提升自我。从小培养孩子优秀的品质，才能让孩子在以后的生活中积蓄力量，一步步走向成功。

第四章　大胆放手，让孩子探寻自己的人生之路

　　父母都是爱孩子的，但爱孩子并不代表父母就可以决定孩子的人生，有时候父母爱的"翅膀"，其实也遮住了孩子自由飞翔的天空。每一个孩子都是一个独立的

个体，孩子的人生之路还得孩子自己走。那么，孩子的兴趣和梦想，只要在原则范围内，父母都应该尊重和支持，然后放手让孩子自己去尝试，去选择，去体验，去经历。唯有这样，孩子才能自由成长，发挥特长，走出自己的路。父母大胆放手，是为了让孩子找到适合自己的人生之路。

第五章　孩子的好人缘都是长期锻炼出来的

好人缘是人格魅力的催化剂。一个知礼守礼的孩子，能赢得更多人的尊重，受到更多人的欢迎；一个自信大胆、不怯场的孩子，可以争取到更多的成功机会；一个能说会道、妙语连珠的孩子，在带给他人愉快和欢乐的同时，也能为自己加分不少；一个有爱心的孩子，懂得爱自己，更懂得爱他人；一个拥有好人缘的孩子，工作、学习和生活都会便利很多。但是好人缘不是天生的，要想让自己的孩子拥有好人缘，成为一个受人欢迎的人，父母就得做长期准备。

第六章　慢教，让孩子爱上学习这件事

学习是孩子人生的大事，在很大程度上决定着孩子的未来。但在很多孩子看来，学习却是一件枯燥的事情，有些孩子还存在着偏科、厌学等各种问题。面对这种情况，呵护孩子的学习热情，激发孩子的学习兴趣，让孩子真正爱上学习，自主学习，就是为人父母的责任。只要家长们能够将眼光放长远，不压迫，少期待，帮助孩子找到正确的学习方法，相信让孩子爱上学习将是水到渠成的事。

第七章　慢养好习惯，改掉坏习惯

正如培根所说，"习惯真是一种顽强而巨大的力量，它可以主宰人生"。习惯，无论好坏，都对孩子的未来有着巨大的影响。好习惯助人成功，坏习惯阻碍进步。好习惯的养成不是一蹴而就的，贵在坚持；坏习惯的改正也不是一朝一夕的事情，更需要坚持和毅力。要想孩子从小养成良好的习惯，家长需要从小处着眼，从细节入手，耐心等待孩子，帮助孩子慢养好习惯，改掉坏习惯。

第八章　有些人生道理，还是要慢慢告诉孩子

　　人世间，许多不经意的人和事都蕴含着一些大道理。父母作为过来人，自然懂的比孩子多。正因为如此，很多父母为了让孩子少走弯路，常常将自己的生活所悟强加给孩子。但是孩子也是有自己主见的独立个体，他们只是受智力、阅历、性情等诸多因素的影响，懂得道理的多少不一样、先后不一样、深浅不一样而已。有时父母灌输、强加给孩子的道理，孩子不仅难以接受，还有可能产生逆反情绪。父母不如给孩子一些时间，将这些道理慢慢地告诉孩子。

第九章　放慢脚步，给孩子纠错的机会

　　俗话说："人非圣贤，孰能无过，过而能改，善莫大焉！"每个人都会犯错，孩子在成长的路上，同样少不了犯错，有时候，他们甚至会重复犯同样的错误两次、三次，但只要孩子懂得反思，愿意改正，错误也将成为他们成长路上的无形财富。在孩子犯错—纠错的路上，父母要做他们最忠实的向导，在孩子犯错时，能够秉持宽容的心态，给予孩子合理的指导与真诚的鼓励，耐心地等待孩子在一次次错误中收获经验，茁壮成长。

第十章　面对青春期的孩子，父母应怎么做

青春期是孩子从儿童向成人转变的过渡时期，是孩子情感强烈、喜怒无常的时期，是孩子最动荡不安、迷惑，同时又充满希望的时期，是叛逆、早恋等各种问题多发的时期。面对青春期的孩子，很多父母都有不同程度的恐慌，有的甚至如临大敌。其实，应对孩子的青春期，这正是对家长的教育之道以及耐心、细心和观察力等多种素质的考验。本章为家长们提供了应对孩子青春期问题的几种教育方法，供家长们参考。

第一章
用爱心和耐心
陪伴孩子成长

　　成长是一个漫长的过程，作为孩子成长路上的领路人，家长们任重而道远。每一个孩子都是一块璞玉，他的才华、天赋需要父母用爱心去发掘，用耐心去雕琢。也许你暂时没有看到孩子的进步，但不要着急，请你将深沉的爱化作耐心的守候，放低期许，放慢脚步，悉心教育，在某一天你就会发现你的孩子变了，成长了。教育就是"三分教七分等"的艺术，这个过程需要父母静下心来，以爱心和耐心助孩子一臂之力，伴他们快乐成长。

优秀孩子离不开父母的长期教育

孩子是父母的希望，教育出优秀的孩子，更关系到家庭的幸福。为人父母者都盼望孩子茁壮成长，将来有所建树。然而，教育孩子的过程是一个漫长而系统的过程，也是一个艰辛的过程，特点是时间长，见效慢。孩子从降生到长大成人，能独立于社会，父母慌不得，急不得，需要耐心等待，就像果实需要经过漫长四季的生长和风吹雨打才能成熟一样，孩子的成长也离不开父母长期悉心的教育。

妈妈忙了一天，特别累，下班回到家，发现汤姆靠在门边等她。

"妈，我想问你一个问题。"汤姆说。

"这么晚了，有什么问题明天再问。快睡觉去！"妈妈不耐烦地说。

"可是，不问我睡不着。"

"什么问题？"

"妈，你一天能赚多少钱？"汤姆好奇地问。

"这跟你有什么关系？你为什么想知道这个？"妈妈生气地问。

"我的妈妈我不能关心一下吗？我只是想知道，你就告诉我吧。"汤姆哀求道。

"好吧。我一天大概挣50美元。"妈妈算了算说道。

"哦。那么，你能借我10美元吗？"汤姆问。

妈妈很生气："原来你大晚上不睡觉就是为了这个啊！如果你问这个问题只是想跟我借钱买你那些毫无意义的贴画海报什么的，那赶快给我回房间睡觉！好好想想你怎么这么自私，妈妈每天这么辛苦！这钱给你。"

汤姆委屈地低下了头，然后从口袋又掏出了10美元，小声地说："妈，我现在有20美元了，我可以向你买半天的时间吗？我希望你能辅导辅导我的作业，陪我聊聊天，跟我一起吃顿饭。我的成绩下降了，你都不知道，我在学校被同学欺负，你也顾不上，我需要有个人能帮帮我。"

妈妈刷地一下脸就红了，才明白自己平时对孩子关心太少了。

读到故事结尾，我们才恍然大悟，原来汤姆借钱是想买妈妈半天的时间。妈妈工作忙，根本没有时间关心汤姆，更别说尽父母的教育义务了。如果妈妈平时能够多抽些时间关心汤姆的学习和生活，他就不会如此无助了。

这个故事是想提醒辛苦工作的广大家长们，教育不仅仅是学校、老师的事情，更是父母的责任，父母应该多抽一点儿时间去关心孩子，教育孩子。教育孩子是一个长期的过程，孩子从出生到上学，再到参加工作，从孩子的衣食住行到孩子的学习、做人、做事等，都离不开父母的关心、指导、批评和监督。有的家长认为，家长工作忙，任务重，压力很大，把教育子女的任务交给老师或者爷爷、奶奶就行了。等到孩子长大些，父母才发现孩子不听话了，或者沾染了一些不良习性，而自己却又无能为力，于是批评、打骂孩子，甚至还责怪、埋怨老人。其实，很多孩子变坏的原因很简单，就是父母没有及时解决孩子身上存在的问题。孩子的健康成长，离不开父母亲身而长期的教育，这是其他任何角色都替代不了的。父母也应该将孩子的教育工作当成一项事业，从小教育子女，并多花些时间及时地发现孩子的问题，解决问题。父母不仅仅是孩子的第一位老师，更是他们终生的老师。

相对于那些疏于教育孩子的父母，也有很多父母在关心和教育孩子时，急于求成，想得到立竿见影的效果。如果孩子考试成绩没有进步，他们都会急得像热锅上的蚂蚁，坐立不安，要求孩子去参加各种补习班，孩子也为此承受着巨大的压力。父母对孩子严格要求无可厚非，但同时也应该给孩子进步和成长的时间与空间，因为不是所有的事情付出了马上就会得到回报，教育更是如此。

所以，对待孩子的教育问题，父母应该做好长期作战的准备，教育孩子和农民种庄稼一样，既不可疏于管理，又不能抱有急功近利的心态，拔苗助长。从播下种子开始，到种子发芽、开花、结果，这是一个漫长的生长过程，在这个过程中，农民要不断地为庄稼浇水、施肥，最后才能收获累累硕果。孩子成长也是一样，是一个从量变到质变的过程，父母不能因为一时看不到变化而责怪孩子，要相信有了持之以恒的付出，就不怕没有回报。

蔡锷是我国清末、民国时期有名的将军之一，他的成就与父母的悉心教育是分不开的。

蔡锷出生于普通农民家庭。由于家境清贫，父母从小教育他要勤劳、节俭，以至他在有所成就后，也一直保持着节俭、体恤民情的作风。

蔡锷的父母没有多少文化，但他们却很重视对蔡锷的教育。虽然家境并不富裕，但他们在蔡锷7岁时，就将他送到私塾接受教育，而蔡锷也知道父母供自己读书的不易，所以学习也格外努力。

孩子天资聪颖是父母的福气，也是孩子自身的运气，但先天的禀赋离不开父母后天的教养，父母只有悉心教育，积极引导，才能让孩子的天赋化成真正的才能，从而培养出优秀的孩子。

西方有句格言，"推动摇篮的手就是推动世界的手"。这句格言充分说明了家庭教育的神圣与伟大。家庭是孩子的第一课堂，父母是孩子的第一任老师。作为孩子成长路上的领路人，广大父母任重而道远。从孩子降生的那一刻起，父母就要为孩子的各种问题而奔忙，家庭教育是场持久战，无论是学习能力的培养，还是社交能力的培育，父母都需要掌握科学方法，投入足够的精力，花费足够的心思，悉心地培养，才能取得教育的成功。教育孩子需要慢工细活，火候到了，量积累到一定程度，自然会发生质的变化。每个人都要相信：是金子总是会发光的！

家教其实就是陪孩子一起成长

从孩子出生那天起，父母就要和孩子朝夕相处，从衣食住行到学习、工作，父母在孩子身上倾注了无数的心血与爱。同样，孩子也在一天天的成长过程中，带给父母许多的幸福和欢乐。从孩子咿呀学语到长大成人，父母要陪伴孩子一起学走路，一起学做人，一起学文化，可以说，孩子成长的过程同时也是为人父母再学习的过程，在这个过程中，父母也会有进步，也会在家庭教育这个大学堂里不断地成长。

电视里放着精彩的节目，乐乐不自觉地就走到了电视机前。

"乐乐，往后点儿站，你看看你离电视这么近，迟早要近视的！我说过多少次了，你又不记得了！"妈妈大声地对乐乐说。

"哦，听见了，听见了。耳朵都要长茧啦！"乐乐满不在乎地回答。

"那你为什么还是改不了啊？"妈妈说。

"我下回注意就是了嘛。干吗这么凶？"乐乐说。

"我还不是为你好？"妈妈说。

"您都是大人了，我看您的眼睛不也挺好吗？"乐乐说。

"你什么意思？"妈妈有点儿生气地问。

"哦，您不也是老上网，一玩就玩一两个小时？眼睛也要看坏的。"乐乐说。

"妈妈工作太忙了，有很多工作必须得上网查，而且……"说到这里，妈妈尴尬地住了嘴，不知该怎么往下说。

最后，妈妈说："那咱俩一块儿改正吧！"听到妈妈这话，乐乐开心地笑了。

妈妈教训乐乐时，乐乐的一句话也让妈妈意识到了自己的错误。若不是乐乐的童言无忌，或许妈妈也不会发现自己给孩子做了不好的榜样。借此机会，母子俩一块儿改正，这样既教育了孩子，自己也有所进步。

托尔斯泰说过："全部教育，或者说千分之九百九十九的教育都归结到榜样上，归结到父母自己生活的端正和完善上。"如此说来，要想培养出优秀的孩子，父母必须首先做好，要以身作则地为孩子做表率和榜样。如果父母勤劳，孩子就勤快；如果父母讲文明懂礼貌，孩子就会学着知礼守礼；如果父母诚实守信，孩子耳濡目染也就不会失信于人；父母不乱闯红灯，孩子也会学着遵守交通规则；父母不随地吐痰，不乱扔果皮、纸屑，孩子也就会学着讲卫生……父母为了给孩子树立一个好榜样，必须严格要求自己。这样，无形中，教育孩子的过程也就成了父母自我教育的过程，在这个过程中，父母其实也是在进步和成长。

榜样的力量是无穷的。孩子是父母的一面镜子，同样，父母的不良言行，也会被孩子模仿。所以，无论是在思想品德还是在行为习惯方面，父母都必须努力提高自身素质，做到有错就改，言行一致。比如有些家长在孩子身上发现了不遵守时间、不守承诺等一些行为缺陷时，一追问孩子，孩子就会说"您自己不也这样吗"，于是为了孩子，家长就会努力克服自身的毛病。又比如还有些孩子的爸爸有爱喝醉酒、抽烟凶的毛病，妈妈劝了无数次都不奏效，但最终为了对孩子言传身教而克服了。与其说这些父母是在教育孩子，不如说他们是在与孩子一起成长。

父母和孩子朝夕相伴，必然有许多事情要共同参与。特别是在如今独生子女越来越多的大环境下，父母对孩子寄予了厚望，为了培养一个德才兼备的好孩子，很多父母乐此不疲地陪孩子一起学习、玩耍。有很多父母表示，自己在辅导和监督孩子完成作业的过程中，复习了旧知识，也学到了很多新知识。也有很多父母会给孩子买各种书刊，丰富孩子的课外知识，或者给孩子买钢琴，让孩子学音乐，或者送孩子进绘画班，学画画，又或者为了增长孩子的见识，陪孩子一起去看艺术表演，旅游、参加义工团体活动等。于是，不懂音乐的家长也不得不跟孩子一起识谱练琴，不懂绘画的父母也在督促孩子的过程学会了画画，平日忙得无法出门的父母也在旅游中同孩子一起体验了不同的生活，久而久之，父母发现自己的文化艺术修养明显提高了，日常谈话内容丰富了，这就是成长。

学无止境，学习应当是一个人终生的事业，孩子如此，父母亦如此。在孩子面前父母并不是权威，也同样需要和孩子一起学习，需要和孩子一同成长。面对未知的世界，孩子会疑惑，会迷茫，会犯错，这是孩子自身成长必须面对的课题，同时也是父母需要陪孩子一同面对的课题。在孩子成长的路上，父母要学会边教边学，在实践中与孩子一同摸索，在学习中陪孩子共同成长。

放慢脚步，你的孩子将更优秀

《圣经》中说："世间万物皆有定时——播种有时，成长有时，花开有时，凋零有时。"其实养孩子也是如此，成长是缓慢的，是顺应自然的事情，父母切不可着急。然而，现实生活中，许多望子成龙的父母，为了不让孩子输在起跑线上，往往急功近利，从小就给孩子的教育"下猛药"，3岁背唐诗，5岁学外语，等孩子大一些就送孩子进特长班，临近孩子升学就疯狂地为孩子报各种补习班。孩子的全部时间，都是在无尽的学习、作业、补课中度过，有的孩子甚至得了厌学症，根本感受不到成长的乐趣。

"小月，你学习成绩下滑了啊，给你报个补习班吧。"妈妈拿着成绩单说。

"啊，不要啊，我都没有时间玩儿了！"小月皱着眉头说。

"哎呀，你这孩子怎么总想着玩儿呢？你看人家孩子都去补习，你不去，成绩能不落后吗？"妈妈说。

"每天都这么忙，烦死了！"小月抱怨道。

"你有什么忙的，你有什么烦的？现在不多学点儿，以后落得多了更赶不上了！"妈妈着急地说。

"我都不着急，您着什么急啊？"

"你怎么一点儿上进心都没有？回回考倒数，你还好意思了！"妈妈说。

"啊，别再说了，我去，我去还不行吗？"小月妥协了。

就这样，小月上午补英语，下午补数学，晚上还要写作业，周末一点儿玩的时间都没有了，礼拜一还得回学校继续学。身体的疲惫加上来自妈妈的压力，让小月喘不过气来，成绩也没见提高。

妈妈为了让小月成绩不落后，为她报了一个又一个的补习班，想让她迎头赶上。可是效果却适得其反，小月在各种补习班之间疲于奔波，学习效率并不高。孩子学习成绩的提高不是一蹴而就的，家长这种唯恐落后、急功近利的心态，只会让孩子承受更多的压力。要想给孩子一个真正美好的未来，家长应该放慢脚步，不时提醒自己：对待孩子，慢一点儿，慢慢来。

如今，"慢生活"正日益被人们所接受，而慢的理念对教育孩子来说同样适用。台湾著名成功学大师黑幼龙就提出了"慢养孩子"的教育观。想让孩子健康成长，父母需要的并不是速度，父母过于着急，势必要让孩子跟着自己的安排和节奏走，这样就很有可能忽视孩子自身的兴趣、爱好、志向，父母管得太多，孩子没有了自由选择的空间，对成长反而不利。只有放慢脚步，以一种支持、包容的心态陪伴孩子慢慢长大，慢慢地充实孩子的生活，才能让孩子生活得更加从容、健康，从而培养出更优秀的孩子。

生活中，为了让孩子赢在起跑线上，很多父母坦言，自己没有耐心放慢脚步，等待孩子成长。看到孩子落后了，如果不给孩子补课，父母害怕孩子就永远赶不上了，面对孩子的缺点、错误，如果不立刻批评、纠正，父母害怕孩子不长记性，永远长不大。其实不然，每一次考试的不理想，每一次的犯错，都是孩子体验挫折与失败，自己找到正确方向的机会，父母只有慢一点儿，给孩子充分的自我学习的时间和机会，才能帮助他们在成长中找到最好的自己。现在孩子学习成绩可能不好，谁也不能保证他未来就不会学有所成；现在孩子调皮捣蛋，将来他也许会成为一个在某方面很优秀的人。父母不应该现在就替孩子的一生下定论，父母以长远的目光、耐心等待的心态、支持与包容的原则陪伴孩子成长才是明智之举。慢一点儿，孩子会走得更稳。

有这样一个孩子，他小学时期学习成绩一塌糊涂，常常在班里排名靠后。老师说："这孩子没什么前途了。"他的父母并不着急，爸爸说："儿子，不用担心，咱们慢慢来，爸爸知道强迫你是没有用的，爸爸相信你！"

后来，这个孩子得到了老师的赏识，发愤学习，不仅顺利考上大学，而且成为学业上的佼佼者。这个孩子就是前文提到的黑幼龙的儿子，如今是华盛顿大学医院的副院长，黑立国。

本来不被看好的儿子，居然变身业界精英，这离不开父母慢养式的教育。在黑立国犯错时，如果他的父母着急了，痛打儿子一顿，或者干脆放弃了，那孩子以后可能会变成不良少年。有时，孩子就像花一样，每种花都有自己的特点，开花的早晚不同。父母唯有放慢脚步，耐心等待花开。每个孩子都是一个独立的个体，父母应该尊重每个孩子的差异，相信自己的孩子，只要耐心等待，他会开出更加绚丽的花朵。

有人说，人生路上，如果你走得太快，就容易忽略路边的风景。教孩子也是如此，过于追求一时的速度和效率，甚至揠苗助长，只会让孩子失掉独立面对生活的机会。经历是人生的财富，父母应该放慢脚步，相信孩子能够做出正确的选择，放手让他们自己去经历、去摸索，这样才能帮助孩子走向更美好的未来。

三分教七分等，孩子会自己成长

孩子是父母的希望，每一位父母都希望培养出优秀的孩子，可是有很多父母付出了全部的心力，却难以达到令人满意的结果。其实教育孩子，教是必需的，但不是全部，父母还必须懂得等待的艺术，所谓"三分教七分等"就是这个道理。三分教，是指教诲要适量。过多的说教只会让孩子产生逆反心理，适得其反。七分等，是指父母要耐心等待，让孩子在尝试和体验中，在失败和成功中磨炼、成长。父母只需教给孩子必要的知识、技能，接下来要做的就是耐心等待孩子长大。

一家人看电视，看着看着莉莉就把脚放在了面前的桌子上。

"宝贝，把脚放下去。"妈妈瞪着眼睛说。

听到妈妈唠叨，莉莉就把脚放下来了。可是没过多久，她又把脚放上去了。

妈妈又提醒："宝贝，不能把脚放在桌子上，妈妈说过多少次了，这样不礼貌，也不卫生，快放下来。"

莉莉不情愿地又把脚放下，小声说："管得真多！"可没过多久，她的脚又放上桌面了。

妈妈正要发火，爸爸示意妈妈不要再唠叨了。过了一会儿，大家看完电视准备睡觉了。莉莉刚一起身，就大叫道："哦，我的脚动不了了。"

爸爸偷笑着问："亲爱的，怎么了？"

莉莉痛苦地说："我的脚麻了！"

妈妈这才恍然大悟，知道丈夫刚才为何阻止自己了，这是想等孩子自己明白道理。

"妈，我以后不会再把脚放到桌子上了。"莉莉说。

对于莉莉不礼貌的行为，妈妈的喋喋不休并没有奏效，反而招来女儿的反感。还是爸爸比较明智，他不急于说教孩子，而是让女儿自己明白道理，自我改正。这就是教育的艺术，值得广大父母学习。

很多父母都喜欢给孩子讲大道理，表达对他们的关心和爱，这是无可厚非的。但是在这种情况下教诲就变成了喋喋不休的说教。广大父母都要反省一下自己是不是也常常这样唠叨孩子"你不应该这样，你应该那样"。有的父母见一番苦口婆心不见效果，就会对孩子所犯的错误进行长篇大论的批判和指责，甚至翻出孩子以前的陈年旧账，不厌其烦地对孩子说个没完没了。处于青春期的孩子已经具有较强的自我意识，面对父母的说教，他们通常都是这样两种表现：要么对大人的说教不理不睬，公然与父母作对，要么是表面服从，内心却很抗拒。最终父母的说教都不能从根本上解决问题。最好的办法就是，在孩子犯错或者需要帮助时，父母说出自己该说的，然后耐心等待，放手让孩子自己到实践中去体验，待到孩子自己经历了，摔倒了，他们就会明白父母的教诲，而且孩子对自己悟出来的道理常常比大人灌输的更易接受，理解得也更深刻。

孩子总有一天要离开父母的怀抱，独立面对生活的风风雨雨，父母其实也不可能教给孩子所有的"防身术"，而且说多了孩子还会反感，将父母的金玉良言当成耳旁风。孩子的教育，就是"三分教七分等"的艺术。教诲占三分，剩下七分就是耐心等待。生活本身就是一个历练场，随时都有练习的机会，孩子也是在历练中一步一步向前走的，而不是听着父母的说教成长起来的。父母需要做的，就是拿出自己的耐心，等待孩子在自我实践中开窍。孩子也只有在一次次尝试、一次次经历的过程中发现问题，解决问题，他才会懂得父母的苦口婆心包含着多少爱，才会学会爱与被爱。

有时候，父母的苦口婆心远没有现实的力量大，过多的说教孩子听不进去，还可能会适得其反，若通过事实来说话，效果就好多了。

有这样一位母亲，她经常告诉儿子吃亏是福，想让孩子懂得谦让。可是孩子听的时候表现得很赞同，做的时候却还是不会让别人。因为他看到的是谦让带来的失去，看不到长远的获得。直到有一天，孩子因为曾经在母亲的提醒下让出了自己的冰激凌，而收到了邻居家孩子作为回报送来的蛋糕，他才亲身体会到了吃亏是福的道理，而且从这件事之后，孩子再也不需要母亲提醒就能自觉谦让别人了。

教育不仅仅是教的艺术，更是等的艺术。但是，无论怎样的教育方式，父母都必须有耐心和信心。尽管在孩子成长的过程中，父母的很多付出往往看不到显著的回报，但是请父母不要着急，也许某一天，您会突然发现您的孩子变了，成长了。您也就会发现，您的教育是正确的，您的等待是值得的。

家教的目的是为了不用教

我国著名教育家叶圣陶说过："教是为了不教，教育的最高境界应是自我教育。"叶老所说的"教"是指教育者不仅仅要传授知识，更重要的是启发、引导、培养孩子的能力。所谓"不教"，是指在老师和家长的引导训练下，孩子拥有了自我学习的能力，能够掌握方法，独立解决问题，这也就达到了"教"的目的。所以，教是手段，不教是目的，教育的目的是有一天可以不教，拥有能力和掌握方法才是受用终生的。然而，我们身边掌控孩子、包办代替的父母还是有很多，如果父母不给孩子一些自由开放的空间，让孩子学会自主学习，那么最终会影响孩子长远的发展。

小林马上要上高中了，因为家住得较远，所以要寄住在学校。

一天，妈妈接到小林的电话："妈，您不在，我的衣服没人给我洗了啊，怎么办？"

"那你周末带回来，我帮你洗。"妈妈说。

"可是，我没带足够的换洗衣服啊。不然，您告诉我怎么洗，我自己试着洗吧。"小林说。

"你从来没洗过衣服，怎么会洗啊？明天妈给你送几件衣服过去啊。"妈妈心疼地说。

就这样，小林还是不会洗衣服。

又一天，小林又打电话回来，说："妈，我钱不够用了。"

"你都怎么花的呀，我已经多给了你100块了呀？"妈妈纳闷。

"我也不知道怎么花的，反正现在没剩下多少了。"小林满不在乎地说。

"平时跟你说过多少次了，花钱要有计划，该买的东西买，不该买的不买，那都是爸妈辛苦挣来的，你要懂得节俭呐！"妈妈苦口婆心地说。

"嗯，妈，我知道啦，您快再给我寄点儿钱过来吧。"小林说。

收到妈妈寄来的钱，小林花钱依旧大手大脚的。

也许是独生女的关系，一直以来都是父母为小林挡风遮雨，衣服脏了由父母洗，零用钱没了就向父母要，妈妈也似乎忘记了孩子要自己成长，独立走向社会。今天妈妈的包办代替，可能导致小林生活自理能力和理财能力永远得不到提高，而一个永远依赖父母的孩子是不会有大出息的。如果妈妈能够早些教给小林洗衣服的方法和理财之道，相信小林在学校就能很好地解决这些问题了，也就不用再麻烦妈妈了。所以，教育孩子，不仅要教给学生现成的知识，更要教给孩子方法，提高孩子解决问题的能力，这样才能尽可能早地达到"不教"的目的。

就拿理财来说，有的父母认为理财是大人该考虑的事，孩子没必要学，他们只要把书本上的知识学好就行。于是家长们一边给孩子灌输勤俭节约的理念，一边又埋怨孩子花钱大手大脚，毫无计划。其实，如果父母能够有意识地培养孩子的理财能力，教他们如何正确看待和使用金钱，那么之后父母就不必花费如此多的口舌和精力埋怨孩子了。正所谓"授之以鱼不如授之以渔"，其实就是这个道理。一条鱼能解一时之饥，却不能解长久之饥，如果想永远有鱼吃，那不如学会捕鱼。教育孩子也是如此，并不是说只给他们灌输一些知识就够了，更重要的是，从小就锻炼和培养孩子的能力，如发现问题的能力、解决问题的能力、自我学习的能力、自理生活的能力等，这样孩子才能举一反三，以不变应万变，不再遇事就求父母帮忙。

生活中，很多父母抱怨说自己的良苦用心在孩子的教育上适得其反，其实很多时候正是这无微不至的呵护剥夺了孩子尝试和自己解决问题的机会，所以他才会逐渐变得依赖，失去了学习的动力，甚至总是指望父母。为了实现"不教"的教育目标，父母应该放开手，信任孩子，鼓励孩子，给孩子更多自主的空间，锻炼和提高孩子的自主学习能力，使孩子能够有效地提出问题、分析问题、解决问题，到了这个时候，我们的家长才可以真正"不教"了。

父母教给了孩子"渔"的本领，孩子就能够学会捕鱼，当孩子终于可以自己主动去探究，去历练，自己解决问题，那父母的教育就是成功的。"教是为了不教。"当有一天，父母放开手，孩子能够独立地学习和生活，正确应对各种困难和挫折，父母也会因此多一分轻松，少许多烦恼。

第二章
用信心和智慧
等孩子慢慢成熟

　　果实的成熟，需要经过漫长四季的培育和等待，孩子的心理成长也是如此，需要父母耐心地引导和守望。父母要用心研究孩子的心理需求和个性特点，懂得用爱心和智慧去教育孩子，当孩子愤怒、悲伤、失落、痛苦时，"停、看、听"三部曲便可以重新奏响孩子快乐生活的乐章，当孩子产生嫉妒、逆反、悲观等不良心理时，爱的阳光便能温暖孩子敏感脆弱的心灵，帮助他们走出心理阴影。孩子的心，需要父母用信心去读懂，用时间去滋养。

耐心等待孩子的心理成长

有不少父母有这样的苦恼，孩子已上高中了，但总像个长不大的孩子，比同龄的孩子心理成熟慢许多，具体表现有：过分地依赖父母，缺乏独立生活的能力，自制力弱，容易情绪化，遇到挫折、困难容易退缩等。解决孩子心理发育迟缓的问题，父母的态度和教育方法是极为重要的。像其他任何事物成长的规律一样，孩子的成熟也不是一蹴而就的，为此，父母要有耐心。然而，生活中有的家长过于急躁，对孩子不成熟的言行，动辄批评责骂，甚至怀疑孩子的心理有问题，无形中更阻碍了孩子心理的成长。

小勇和妈妈一块儿逛商场，看见了一款心仪的电子词典。

"妈，这款电子词典，你帮我买一个吧？"小勇对妈妈说。

"你不是有一本词典吗，不能查？"妈妈说。

"可是，同学们都用电子词典，就我一个人抱一本大字典翻来翻去。"小勇说。

"我可没钱给你买！"妈妈一口回绝道。

"凭什么不给我买？你又不是买不起！"小勇大声冲妈妈吼道。

"妈妈买得起，可是咱不能打肿脸充胖子啊！"妈妈说。

"我不管，你不给我买，我就不上学了，我今天也不走了。"说完，小勇就让售货员拿来了样机摆弄起来。妈妈怒了："你多大了，怎么还跟小孩子一样使小性子啊？你走不走？再不走我揍你了啊！"

妈妈话音刚落，小勇就一屁股坐在柜台前大哭起来，嘴里还念念有词："你是个坏妈妈，什么都不给我买！"

刚说完，就挨了妈妈一巴掌，小勇哭得更厉害了，大庭广众之下让妈妈很是尴尬，最后在大家的好言劝说下，小勇才止住了哭声，当然主要还是因为妈妈给他买了电子词典。

回到家，妈妈接着对小勇一顿数落："你什么时候能够长大啊，儿子？咱家比不上你那些同学家有钱，爸妈供你进最好的学校读书已经是砸锅卖铁了，你就不能体谅体谅我们？"

小勇只顾玩词典里的小游戏，根本不理会妈妈。

俗话说"穷人家的孩子早当家"，显然这话不能用在小勇身上。家境状况的不好并没有人让小勇养成坚强自立的性格。他很自我，不懂得体谅父母，甚至以哭闹来求得自己想要的东西，对于一个十几岁的孩子而言，这是心理不成熟的表现。当然，面对小勇的不成熟表现，妈妈的做法也是不对的。孩子不够成熟，心理承受能力就相对较差，打骂只会适得其反。如果妈妈能够耐心地跟小勇解释，言明苦衷，相信小勇慢慢会懂得体谅父母的。

十几岁正值花季，这一年龄段的孩子心智、思想、能力等各个方面都在一步步地走向成熟。但是由于个体自身心理素质和环境的不同，有的孩子显得比同龄的孩子成熟一些，而有的孩子却显得有些小孩子气，有些父母就会为此担心，对孩子不成熟的表现训斥甚至打骂。事实上，孩子心理成熟有快慢之分也是正常的，就像小草受土壤、温度、湿度等环境的影响，茂盛程度和抗压力有所不同一样，孩子在心理、生理上的成长也是富于变化的，不稳定的。而父母最需要做的，就是耐心地等待，呵护孩子的心灵，并且充分调动他们主动成长的内动力，帮助孩子发现自我的价值，这才是教育成功的秘诀。如果父母对孩子暂时的缺点与不足缺乏耐心，不分场合地当众揭短，挖苦讽刺，乃至打骂体罚，都会让孩子的身心受到极大的伤害，不利于孩子的成长。父母只要静静地等待，孩子自会展示、证明自我。

父母的看法、态度，对于孩子的心理成长也是极为重要的。父母愿意等待孩子成长，首先需要树立信心，相信孩子。有的家长面对孩子总是唉声叹气，对孩子没有信心，却不知自己已经放弃了帮助孩子成长的机会。每个孩子都是一个独立的个体，成长状态各不相同，他们有的聪明，有的迟钝，有的听话，有的顽劣。聪明听话的孩子固然惹人喜爱，但迟钝顽劣的孩子也不能放弃，也要给他们同样的爱，精心培养他们。正如小树苗一样，无论看起来如何无用，都不要轻易砍去，只要精心护理，给予充分的阳光雨露，就会成为有用之材的。做事不能操之过急，要懂得等待的智慧。

子明是家里的独生子，爸爸的生意做得不错，家境很富裕，所以子明从小穿名牌，花钱大手大脚。前不久，爸爸的工厂倒闭了，家里一时没了经济来源。恰巧这时候，子明提出要求："爸，给我买台电脑吧，我要笔记本。"

子明的父母深思熟虑后，把子明叫到了自己的房间，把存着家里仅有的一点儿积蓄的存折拿给他看。爸爸语重心长地说："儿子，爸爸的生意失败了，我和你妈现在靠打点儿短工维持生活。为了不影响你学习，也没告诉你。"子明听完后表情愕然。

爸爸接着说："家里就这点儿钱了，我们正在寻找合适的项目，打算投资做点儿小生意，看看你的电脑能不能缓些日子再买？"

　　沉默了好久后，子明说："爸妈，电脑先不买了，等家里条件好了再说吧！"

　　从那以后，子明跟变了一个人似的，耐克、阿迪上市的新品也不张罗买了，本来已经搁置起来的旧运动服，又取出来穿了，每天回家写完作业后，他还会帮助父母做饭，晚上一有空还会主动给妈妈捶背、按摩。

　　妈妈说："他爸，虽然咱们现在很辛苦，但是我的心里是甜的，因为咱们儿子懂事了。"

　　爸爸说："是啊，每个孩子都有开窍的时候。"

　　环境能够影响一个人，所以，父母还要给孩子的成长搭梯建桥，为孩子提供一个有利于其心理不断成熟的环境。有的父母溺爱孩子，总是无条件满足孩子的要求，使得他们的心态停留在学龄前，不考虑自己的要求是否合理，一旦父母不答应，就像小孩子那样任性地撒娇或者发脾气。这对孩子的心理成长是非常不利的。如果家长对孩子的呵护过了头，孩子的心理就很难迅速地成熟起来，甚至耽误了孩子的成长。爱孩子，更要给孩子心理成长的环境，而非无微不至的关照。父母应该从家庭生活、学习作业、自我管理、游戏娱乐等各个方面，来强化孩子的性格与心理"长大"的理念。

　　孩子的心理成长和花草的生长一样，有自己的生长周期、成才规律，而心理的成长更需要父母的细心关注和耐心等待。父母要给每一棵草开花的时间，给孩子证明自己价值的机会，不要盲目地去拔除一棵草，不要草率地去否定孩子。家长们，在孩子成长之路上，少一些急躁的功利之心，多一些理智和等待，您的孩子终会成长为参天大树！

用"停、看、听"应对孩子的坏情绪

孩子在生活中难免遇到不顺心的事情，产生坏情绪。作为孩子的父母，要经常面对孩子的情绪问题，那么，在孩子情绪不好时，家长们是不是都给予了正确的对待和处理呢？很多父母觉得不能惯孩子，对孩子的负面情绪毫不容忍，孩子常常由于表达哀伤、愤怒和恐惧而受到责备、训斥或惩罚。也有的父母在孩子伤心难过时，放任孩子不管，任由他自生自灭。其实这样的处理方式不但会引起孩子的反感，更会破坏亲子关系。

小玉放学回到家，愤愤不平地跟妈妈讲："妈，我今天在学校被老师狠狠地批评了一顿。"

妈妈在忙着自己的事情，没搭理小玉。

不一会儿，妈妈忙完了，问小玉："你刚刚说什么来着？"

"哦，没什么。"小玉回答。

"什么没什么，老师怎么来着？"妈妈接着问。

"老师批评我了。"小玉说。

"什么？是不是你不听老师话？"妈妈瞪着小玉问。

"哪有？我不过是上课跟同桌小声说了几句话而已嘛，老师就单点名批评我一个，凭什么？"小玉有些激动。

"你这么激动干吗？难道你还有理啦？上课能说话吗？不管别人说没说话，你说了老师就该批评你！"妈妈说。

小玉不说话了，觉得更委屈了，于是眼泪不自觉地就下来了。

"哭什么哭？错了还不能说你啦？这么大脾气！"妈妈接着说。

"我又没有讲废话，我是和同学讨论问题呢！"小玉哭着说。

"讨论问题你下课不能讨论啊？上课讨论那老师讲的你不就听不到了吗？"妈妈接着说，"别哭了，别哭了，多大了动不动就流眼泪？"

"你就跟老师一样，只知道说我，一点儿都不理解我。哼，我不跟你说了。"小玉含着泪水闷头回了自己的房间。

"你这个孩子，说你两句你就不待见，想怎么着啊？"妈妈也很生气。

小玉向妈妈表达自己在学校受到的委屈，妈妈的不理睬让小玉很失落。后来，妈妈终于关心起小玉了，不承想小玉不但没得到同情与理解，还招来妈妈一顿骂，这让她更难过了。如果妈妈能够停下手里的事情，静下心来认真听小玉说，进而加以引导，母女俩就不会不欢而散了。

情绪是一把双刃剑，坏情绪有害身心健康，而好情绪，是一笔无形的财富，不仅有利于身心健康，还能促进家庭和睦，事业成功。所以父母应该认真对待孩子的坏情绪，孩子的情绪得到了良好的控制和引导，才有利于孩子的健康成长。

情绪是看不见、摸不着的感觉，该如何应对呢？一"停"、二"看"、三"听"，这三部曲，就是一种处理孩子坏情绪的有效方式。

"停"，既是告诉父母在孩子表达坏情绪时，尽可能暂停手中正在做的事情，也是要父母停下唠叨，停下自己愤怒的质问、责骂，关注孩子，给孩子表达的时间和空间。这里的"停"不仅仅是一个动作，更是一分尊重和关心。如果在孩子情绪最糟时父母仍对他表示关切，意味着父母开始尊重孩子，孩子会深深体会到父母对他的爱。事实上，当有人给予最起码的关心、尊重和肯定时，孩子更容易流露情绪，打开话匣子，这样更利于解决问题。看见孩子哭了，生气了，父母不妨停一停手中的活儿，让孩子有表达情绪的机会，然后关心地问一句"孩子，为什么哭啊"，这会让孩子知道，父母很在乎自己，从而愿意表达。

"看"，就是观察，观察孩子的脸部表情、手势及其他肢体动作等非语言的行为。很多时候，人的情绪看不见，摸不着，还变化莫测，特别是对于内向的孩子来说，仔细"看"就更有必要了。比如有的孩子因为不顺心而发脾气，就会用敲东西的方式表达愤怒。如果父母不留心观察，是不易发觉的，可能只以为孩子在玩耍呢。处理坏情绪的第二步，就是善于观察孩子，捕捉其内心的情绪，直截了当地说出你看到的孩子流露出的情绪，并给予认同。比如小孩闹脾气，哭了，父母不妨说"哦，你很生气呀"，"妈妈见到你哭，很心疼"，如此一来，孩子会觉得自己的情绪被父母认同，渐渐安心。无论孩子怎样回应你，你都应该让孩子知道，你尊重并完全接受他的感受。

下班回家，妈妈发现小伟情绪有些异常，比平日话少了，闷闷不乐的，晚饭也只吃了一点点。妈妈就把洗碗的工作交给了爸爸，来到小伟身边。

"儿子，看你的样子很伤心，愿不愿意告诉妈妈发生了什么事？"妈妈关心地问。

小伟看了看妈妈充满爱意的眼神，就说："妈，我说了，你不要责怪我好吗？"

"你先告诉妈妈发生了什么事，如果有错，那妈妈也明白你已经知道自己错了，改正就好了！对不对？"妈妈说。

"嗯。妈，我的手机在学校被偷了。"小伟说。

"啊，手机被偷了啊，什么时候？"妈妈关心地问。

"上个星期。"

"啊，那你这几天不就不方便和同学联系了吗？应该早点儿告诉妈妈的。你挂失了吗？"

"您放心，已经挂失了。我没告诉您，是因为怕您责怪我。"

"妈妈知道你一直都很谨慎的，自己的东西从来都保管得很好。可是谁没有个疏忽的时候呢？那你能告诉妈妈，手机怎么被偷的吗？"

"是我一时疏忽，上厕所的时候没随身携带，放在了课桌上，所以……"

"哦，害人之心不可有，防人之心不可无，以后可得小心了，手机都随身携带着，知道了吗？"妈妈说。

"嗯，妈，吃一堑长一智，不会有下次了。"小伟笑着说。

"听"，就是倾听，这是处理坏情绪的第三步。上述故事中，小伟妈妈就很好地表现了倾听在应对孩子情绪中的作用。面对小伟的手机被盗，妈妈并没有急于批评和埋怨，而是在倾听中一步步了解了事情的来龙去脉。听，是为了更好地说，如果孩子开始哭或发脾气时，父母能够和蔼、持续地倾听，孩子感受到尊重和理解，就会缓解自身紧张、害怕的心理，敢于把内心的想法和感受表达出来。等孩子倾吐完心声，情绪较平稳后，父母再以柔和而坚定的态度，对孩子加以点拨和引导，帮助他从错误中学习成长，和孩子商讨解决问题的办法。在倾听过程中，父母要经常提醒自己，不评判，不指责，在孩子说的过程中只表示一下对他的理解，等说完了再一起讨论办法。

每个人都有情绪，孩子有坏情绪也是理所当然的。父母的责任，就是接纳孩子的坏情绪，帮助孩子找到情绪的出口，合理地宣泄情绪。"停、看、听"三部曲就是应对孩子坏情绪的有效方法。为了让孩子拥有一个健康、快乐的青春，家长们不妨试试这三部曲吧！

教孩子合理宣泄不良情绪

俗话说"怒伤肝、气伤脾、悲伤心、恐伤肾"。不良情绪不仅会影响人的心情，还会影响人正常的工作和生活，严重的更会伤及身心健康，所以必须加以疏导和宣泄。孩子在成长的过程中也免不了因为学习负担过重，学习成绩不理想，同学之间的别扭、矛盾等各种事情而产生不好的情绪，这个时候，家长就应该帮孩子疏导，让孩子把不良情绪合理地宣泄出来。心理学研究显示，有三种方法有助于保持人的心理健康，即爱心、疏导和宣泄。一般来说，父母对孩子的爱心不会少，但是也常常忽略了引导孩子正确宣泄不良情绪。

小浩的成绩在班里一直是名列前茅，但是他永远有一个竞争对手，那就是和他不相上下的小乐。

一天老师发下了月考成绩单，小浩排在了小乐的后面，为此，小浩很不开心。

"哟，哥们儿，不至于吧，原来你这么弱啊，追我追得都累趴下了，要不我停下来等等你？"小乐在一旁幸灾乐祸。

"滚开！"小浩生气地说。

"你敢再说一遍？"小乐说。

"我不只敢说，我还敢揍你呢，叫你幸灾乐祸！"说着，小浩一个拳头就上去了，"我打死你，我打死你，看你还敢笑我！"

就这样，两个孩子厮打成一团，双方都被打得鼻青脸肿，最后，同学叫来了老师，才把两人拉开。

老师弄清楚缘由之后，批评了两个孩子，特别是小浩，问他："有什么事情可以讲道理，你为什么要先动手啊？"

"谁让他笑我啊？我爸告诉我，谁敢欺负我就打他！"小浩说。

老师明白原来小浩的父母也有责任。

这个故事中，小乐故意嘲讽，这是不应该的，但是小浩以攻击他人的方式发泄心中的不满也是不对的，这样的不良宣泄不仅伤害了他人，也伤害了自己。像小浩这样生性易恼怒、急躁的孩子，如果不引导他正确宣泄自己的不良情绪，将来性格就会越来越暴躁易怒，甚至危害他人和社会。

或许有人会说：如今的孩子不愁吃穿，生活优越，有什么不快乐呢？有发泄的必要吗？这是家长对孩子不了解的一种表现。对孩子来说，学习压力过大，成绩不理想，与父母闹别扭，跟同学有矛盾，以及自身生理发育的影响等，都可能给孩子带来压力，甚至不快。由于各种因素的影响，有的孩子受到委屈或冤枉的时候，不愿倾诉，自己又无法消除这些影响，就会引起精神痛苦和情绪不良，时间一长甚至会造成精神失常，影响孩子人格的健康发展。还有的孩子为了发泄自己的情绪就恶语伤人，甚至找人对骂、打架斗殴，这不仅损害了他人利益，还有可能危害社会。所以，孩子的心理健康值得广大父母重视，父母应该肩负起对孩子进行心理教育的重任，引导孩子正确宣泄不良情绪，培养乐观开朗、心态平和的孩子。

一般来说，人在产生失落、痛苦、愤怒等不良情绪的时候，最想做的就是找个人说一说。当孩子遇到冲突或挫折而失落或者生气时，父母要鼓励、引导孩子将事情或心中的感受表达出来，以寻得同情、理解、安慰和支持，倾诉的对象可以是父母、家人、朋友或者其他任何愿意倾听的人。如果孩子实在不愿意对人诉说，父母可以鼓励孩子把令自己生气的事情写在日记上，必要的时候，父母可以找个合适的地方，让孩子痛快地哭，大声地喊，将心中的不快尽情宣泄出来。

当然，父母作为孩子最亲近的人，是孩子最好的倾诉对象。你可以告诉孩子："父母永远是你坏情绪的垃圾桶。"孩子对父母有很大的依赖性，父母给予孩子的同情或安慰能够很好地缓解甚至清除孩子的不安情绪。当然父母也应该懂得倾听的技巧，在倾听孩子的心事时，不打岔，不嘲笑孩子。你可以告诉孩子，你很了解他的感受，并安慰他"你感到伤心没有关系，这种情况下我也会难过的"，然后和他一起讨论解决问题的有效办法。

放学了，妈妈来接朵朵回家，一上车就发现女儿脸上表情不对，满脸不高兴的样子，手上还留下一个个的小牙印，妈妈很心疼。

"在学校里发生什么事了吗？"妈妈问。

朵朵不回答。回到家，妈妈说："女儿，有什么事可以不跟妈妈说，但是绝不能放在心里头不说，可以跟好朋友说说啊，也可以把心里话用日记的形式写出来，那样，你心里会好受些。"

没想到朵朵真的拿出小笔记本，把自己的不满情绪记录下来。事情过后，朵朵拿着小笔记本给妈妈看，妈妈才知道是和同学因一点儿小事闹情绪呢！

妈妈摸着朵朵的手说："以后，无论有什么不开心，都不能伤害自己啊！"

朵朵点了点头，因为有了日记本这个知心朋友。

朵朵用伤害自己的方式来宣泄情绪，幸亏妈妈及时发现，为孩子找到一种很好的宣泄方式，这值得家长们借鉴。同时，父母需要注意的是：除了伤害自己和攻击他人外，哭闹、撒泼、摔东西也是不良宣泄的表现。父母要引导孩子合理发泄情绪，不能让孩子由着性子胡来。

转移注意力也是孩子宣泄情绪的良好途径。当孩子遇到冲突或挫折时，不要让孩子过多关注所遭遇的事情，而要转移孩子的注意力，引导其从不良情绪中摆脱出来，尽早投入到正常的活动中去。比如，当感到怒气上来时，迅速离开现场，去洗个澡；或者找些废弃的书报等狠撕一通，使发怒的情绪得以缓解；或者鼓励孩子参加体育活动，如打球、跑步等，让孩子在剧烈的运动中将积累的情绪能量发散出去；也可以听听音乐、唱唱歌。待孩子宣泄完后，平静下来，再跟他好好谈谈。

为了孩子的心理健康，父母应该不断地给孩子补充心理营养，除了给予孩子许多的爱，还要懂得引导孩子正确宣泄不良情绪，这对他们的生理和心理健康都益处多多。有了好的情绪，才能开心快乐地过好每一天。

用耐心帮孩子战胜冲动

青春期的孩子朝气蓬勃，年少气盛，偶尔脾气急躁些，大家是可以理解的。但是，若是养成冲动的性格，对孩子的发展就不利了。特别是有的孩子一犯起冲劲儿，往往克制不住自己，乱发脾气，甚至会为一点儿小事跟人动手，让父母很是苦恼。有的父母急于改变孩子，面对孩子的暴脾气，就容易发火，甚至使用武力，但这些都于事无补，所谓"心急吃不了热豆腐"，以暴制暴的教育方式只会引起孩子的反感和排斥。

小天上高中了，性格有点儿冲动、倔强，在家常常跟妈妈顶撞。

一天，小天感冒了，病快快地躺在床上。

"小天，你吃药了没？感冒药在客厅电视下面的抽屉里。"妈妈问。

小天不想动，于是就说："妈，你帮我拿吧。"

"我忙着呢，这厨房的火得盯着，我走不开。你快起来自己吃了，又不是动不了。"妈妈说。

"那我不吃了。"小天说。

"那怎么行？你的抵抗力太弱了，你上回感冒不吃药，结果还不是没扛住进医院了，耽误我多少事啊！"妈妈说。

"我就不吃。"小天这会儿故意跟妈妈怄气。

"听话。吃了就好了。"妈妈取来了药放在桌子上。

小天一骨碌从床上爬起来，拿起药就扔到垃圾桶里，"谁稀罕你的药啊？"

"嗨，你这孩子怎么不识好歹啊，敢把药给我扔了？你快给捡起来！"妈妈命令道。

小天一动不动，把妈妈气得一个箭步上去，使劲儿把他往下拉，小天就奋力反抗。妈妈火气当头，就给了他一巴掌。小天也不示弱，拿起书包就冲出了家门，也不知道去了哪里。

只是因为妈妈没空给小天取药，小天就生气了，待妈妈亲自把药送来了，冲动的小天竟然把药扔了。面对孩子冲动的举动，妈妈的处置方式也是不恰当的，武力解决方式最终逼得小天离家出走。其实，对于爱冲动的孩子，压迫只会适得其反，父母只有静下心来，用耐心化解孩子心头的火，才能解决问题。

爱冲动的人一般情绪不稳定，自制力差，脾气容易在瞬间爆发，而且在决定与行动的时候很少考虑后果。这时候，做父母的首先要保持冷静，不能失去理智，发火的父母会使孩子更加发火。很多父母教育孩子没耐心，无论什么事情，说一遍，如果孩子不听话就骂，遇上爱冲动的孩子，难免针尖对麦芒，结果就是孩子也变得没耐心，不爱听家长说话。父母只有以耐心、温和的方式与孩子交流，才有利于疏导孩子冲动的情绪。而且，父母也不要急着在孩子发脾气的时候和他理论，这时候孩子势头正盛，他一定听不进去，等事情过去了，他有一个好心情时，你再和他谈谈，这样效果会更好。只要父母耐心教育，相信孩子定会慢慢改变的。

当然，改变孩子冲动的性格，父母还得从日常生活做起。平时大人交流的时候，也要保持平和的语气，避免孩子学习不平和的说话方式。特别是当孩子行为失控时，冷静、温和的讲话方式可以给孩子一个宽容的氛围，对他安静下来有好处。在他大发脾气时，父母也可以尝试抱紧他，给他安慰，让孩子学会控制自己。每一次当孩子安静下来后，父母再不遗余力地教育孩子，让孩子看到自己冲动造成的后果，让他知道脾气发作不仅有害于身心健康，还可能会失去朋友、失掉机会等。冲动就是魔鬼，父母只要有耐心，就能一步步提高孩子克服急躁情绪的自觉性，最终帮孩子战胜魔鬼。

小志来表哥小勇家做客，俩人一块儿在客厅看电视，因为意见不统一闹起了矛盾。

"我不要看这个台，我要看《快乐大本营》！"小志说。

"我才不要看《快乐大本营》呢，我就要看这个。"小勇丝毫不理会表弟的意见。

"你不给我换，我自己换。"小志说着就去拿遥控器，然后把台给调换了。

"这是我家的电视，我说了算，你给我遥控器。"小勇就去夺遥控器。

这时站在一旁的妈妈连忙说："小勇，表弟是客人，而且他还比你小，你是不是应该让着表弟啊？"

小勇住了手，觉得很羞愧。妈妈接着说："你看你这么冲动，上来就夺遥控器，如果不小心把遥控器摔坏了，那不是谁也看不了了吗？"

小勇恍然大悟，"妈，你说得对呀，我都没想到。"

"所以，你以后要注意啊，冲动是魔鬼。"

"嗯。我知道了。表弟，对不起，咱们一块儿看《快乐大本营》

吧!"小勇说。

妈妈看着两个孩子,欣慰地笑了。

另外,俗话说"静以修身,俭以养德",父母也要有针对性地磨炼孩子的心理,提高孩子的自控能力,让孩子学会冷静,指导孩子练习书法、学习绘画、弹琴、解绳结、下棋等,都是不错的选择。很多孩子性格冲动,多半是只考虑自己的感受,由着自己的性子来,根本不考虑别人。父母要引导孩子学会换位思考,告诉孩子在发脾气前,冷静地考虑一下事情本身和对方的处境,再做决定。如果孩子从思想上意识到了自己的问题,知道要去改变的话,通过一段时间的努力,急脾气就会有改观的。当他表现了一点儿对自己的情绪有所控制时,父母也不要忘了表扬,比如本来孩子发脾气时要扔东西,这回虽然发了脾气,但没有扔东西,应该表扬他。

改变孩子冲动的性格不是一蹴而就的,而是一个循序渐进的过程,父母不可抱着急功近利的心态,失去耐心。好父母就是有耐心的父母,如果父母能够耐心引导、耐心看护、耐心守望,假以时日,相信最终改变孩子易冲动的性格也不是一件难事。

用爱心消除孩子的不良心理

也许有人还在感叹如今的孩子"泡在蜜糖中，长在红旗下，身在福中不知福"，却不知有很多孩子已经不同程度地形成了种种不良心理，有的孩子怕苦、怕累、依赖性强，有的孩子任性自私，有的孩子学习跟不上很自卑，有的孩子心胸狭窄，好妒忌，好攀比等。有专家曾预言"从现在起到21世纪中叶，没有任何一种灾难能像不良心理那样带给人们持续而深刻的痛苦"。孩子作为心智还不够成熟的人，如果形成不良心理，不仅自己要忍受各种精神上的折磨，还会对父母、朋友、他人造成不好的影响，因此孩子更需要父母的关心和爱护。

小雨学习成绩不好，考试排名一般都靠后，虽然他很努力，可还是常遭到同学们的嘲笑，为此，他一直都很自卑，觉得自己很笨。

一天，放学回家，小雨做作业遇到一道题目不会写。

"妈，这道数学题目我不会写。"小雨向妈妈求助。

妈妈看了看题，说："这么简单都不会啊，你上课干吗去了，是不是没认真听讲？"

"我没走神，一直认真听来着，可是妈，我理解力很差的，没听懂！"小雨说。

妈妈翻了翻课本，说："书上的例题跟这道差不多，这么简单你都听不懂，你怎么这么笨呢？"

小雨不说话了。于是，妈妈给小雨讲解了一遍，然后问："懂了吧，这下会写了吧？写吧。"

小雨挠挠头，还是有点懵，"我怎么生了你这么笨的儿子啊？"妈妈点着小雨的头埋怨道。

听着妈妈的话，小雨更是无地自容了，眼泪不自觉地下来了。

"就知道哭，除了哭你还会干吗？"妈妈嚷道，"给，这是我给你写的答案，你自己看看吧。"说完妈妈就走了，留下小雨呆呆的一个人。小雨觉得自己不是读书的材料，有了退学的念头。

小雨有题目不会写向妈妈求助，却遭到妈妈一番训斥，这让小雨原本自卑的心更加受伤。自卑的孩子内心敏感而脆弱，更需要父母的关爱，如果像小雨妈妈这般缺少理解和耐心，孩子怎么能够克服内心的胆怯呢？爱孩子，就应该给孩子信心和力量。

心理学家认为，每个人都有先天的生理或心理缺陷，在各种环境综合影响下，有可能产生诸如自卑、嫉妒、自私等不良心理。心里的"病"当然还需心药医，爱心就是一剂良方。爱是信任、呵护、鼓励，它不仅是一种情感，更是一种触及灵魂、动人心魄的行为和艺术。著名教育家、特级教师霍懋征说过："没有爱就没有教育。"父母只有通过爱孩子，才能搭建起亲子之间感情的桥梁，走进孩子内心；只有用自己的心去触摸孩子敏感而脆弱的心，才能真正走进孩子的心灵深处，了解他们的思想，用爱的阳光驱散他们心中的阴影。

爱是尊重和信任。每个孩子都是有自尊的，当父母尊重他、信任他时，他就会有意识地审视自己的缺点和不足，从而更加尊重父母，愿意改变。有的父母对孩子的不良表现，采取呵斥、甚至打骂的粗暴方式，这样对消除孩子的不良心理无益，唯有尊重和信任才能让孩子真正地体会到父母的爱意，消融孩子内心不良的心理坚冰。例如，当孩子妒忌心起，跟小朋友抢东西，如果父母加以斥责，就容易刺伤孩子的自尊心而出现反叛行为。相反，如果父母能够细细地体会孩子内心的情感，安抚孩子，并告诉他："无论什么时候父母都爱你，但爱你不等于不能对其他小朋友好，你要懂得分享。"相信孩子是能够理解父母，慢慢消除妒忌心理的。

爱是了解和呵护。爱孩子就要了解孩子。苏联教育家苏霍姆林斯基说过："不了解学生，不了解他的智力发展，他的思想、兴趣、爱好、才能、禀赋、倾向，就谈不上教育。"所以说，父母要走进孩子的内心世界，才能根据各种不同的心理问题，对症下药。而且父母深入了解情况后能做到有的放矢，孩子也比较能够接受忠告。比如孩子总是怀疑自己，不相信自己，父母首先就要了解孩子的烦恼与苦闷，进行疏导，然后引导孩子充分发挥自己的长处，扬长避短，切忌在孩子心灰意冷时，放弃责任，撒手不管，只有爱心才能驱散孩子心理自卑的阴影。

晚上，一家人在客厅看电视。妈妈取来了一件连衣裙。

"小果，快过来，试试妈妈新给你买的裙子！"

"好哇，好哇，谢谢妈妈。"姐姐小果高兴地试起了裙子。

不一会儿，小果穿上了，"妈，好看吗？"

"嗯，不错。小实，你觉得呢，姐姐穿这裙子怎么样？"妈妈问妹妹。

小实不说话，心里埋怨着妈妈偏心。姐姐凑过去说："快说说怎么样嘛！"

"难看死了！"小实故意说。

妈妈看出了小实的心思，于是说："妹妹你别不高兴，你是不是怪妈妈没给你买啊？"

小实默不作声，妈妈接着说："妈妈特地给姐姐买了裙子，是因为姐姐要上高中了，需要两件新衣服。你放心，妈妈不偏心，妈妈对你们的爱是一样的。等你上高中了，妈妈也给你买。"

"可是你总是要我穿姐姐的旧衣服！"小实很委屈地说。

"那些衣服都好好的，扔了多可惜啊！咱们应该懂得勤俭节约，妈妈小时候还穿过你姥姥的衣服呢。你有姐姐的衣服，还有妈妈买的新衣服，谁有你衣服花样多啊，是不是？"

"妈妈说得对，我以后再也不计较了。"小实豁然开朗。

"真是个懂事的孩子，一说就明白，以后再有什么事情，一定要跟妈妈说，不要一个人闷在心里了。妈妈能帮你啊。"妈妈说。

"我知道了。"小实说。

爱是鼓励和表扬。要消除孩子的不良心理，父母必须赏识自己的孩子，在生活中善于发现孩子的闪光点和点滴的进步，并及时予以鼓励和表扬。当孩子遇到困难和挫折而退缩时，父母更应该鼓励孩子："孩子，你能行的！"这样才能增强孩子与不良心理作斗争的信心。

苏联教育家马卡连柯曾经说过，"爱是一种伟大的感情，它总是在创造奇迹，创造新的人。"一个人的心理、习惯往往能影响他的品质、性格，乃至影响他的一生。父母要用心研究孩子的心理需求和个性特点，懂得用爱心和智慧去教育孩子，去激励孩子。只要父母愿意用爱、用心去阅读，就一定可以读懂孩子。当爱的阳光温暖了孩子敏感脆弱的心灵，他们就会走出心理阴影，健康快乐地成长！

第三章
在教和等中塑造孩子的优秀品格

　　成长的路不会一帆风顺，在孩子人生的道路上会有许多的困难与挫折。智慧的父母需要在孩子说"我不行"时，告诉孩子"我不相信你不行"，帮助孩子树立自信心；需要以积极乐观的态度感染孩子，引导孩子快乐地生活；需要在日常生活中放手让孩子去尝试、去经历、去磨炼，提高孩子的抗挫折能力和意志力……如此，智慧的父母懂得在生活中不断地培养孩子的优秀品格，帮助孩子提升自我。从小培养孩子优秀的品质，才能让孩子在以后的生活中积蓄力量，一步步走向成功。

用身边事帮孩子树立自信心

美国思想家爱默生说过："自信是成功的第一秘诀。"自信是一个人对自身价值的积极认识和肯定，是一种良好的心理品质，更是一个人克服困难、自强不息、取得成功的内在动力。对孩子而言，拥有自信心也是非常重要的。然而生活中，"你怎么这么笨"、"没出息"等满含失望之情的话语，家长们常常脱口而出，他们对孩子斥责和批评过多，就这样，父母常常无意中扮演着打击孩子自信心的角色。

家里来了客人，妈妈做了好些菜招待客人，开饭前丁丁帮忙端菜。忽然，只听"啪"的一声，一个盘子掉在地上碎了，菜还撒了丁丁一身。

"你这个孩子，我都这么忙了，你还给我添堵，盘子都能摔了，你还能干吗呀？"妈妈没好气地一顿数落丁丁。

"妈，我又不是故意的，手滑了。"丁丁委屈地说。

"不是故意的，难道是成心的？不想帮忙就去屋里，别给我帮倒忙！"妈妈说。

"我看你都忙不过来，想帮你减轻点儿负担嘛。"丁丁说。

"哎哟，我的小祖宗，你快给我走开，别到时候再把我的锅给碰翻了！"妈妈把丁丁往厨房外推。

丁丁一番好心遭到妈妈如此的挖苦，心里很难过。她想："我学习不好，连个盘子也端不好，我还能干什么啊？我真没用！"

其实，在生活中，孩子自信心的建立离不开父母的鼓励和赏识，而指责、挖苦往往容易触发孩子的自卑心理，让孩子觉得自己一无是处。故事中，丁丁的妈妈就是这样，因为一时疏忽丁丁失手打翻了盘子，她就责怪丁丁，也许妈妈是无心的，但是孩子的心是敏感的，妈妈的愤怒和挖苦一声声刻在丁丁心上，让失落的丁丁也开始怀疑自己了。

所以，父母一颗宽容的心能够呵护孩子的自信。当孩子稍有失误时，当孩子的成绩不够理想时，少一些责骂，多一些宽容，孩子才不会自暴自弃，丧失信心。如今有的父母怀着"恨铁不成钢"的心态，往往只盯住自己孩子的短处和缺点，动辄指责他这也不行，那也不行，久而久之孩子就会形成心理暗示，觉得自己真的什么也干不好，对自己的能力逐渐地开始怀疑，变得自卑了。比如孩子数学没考好，有的家长就会说，"又考这么点儿分，我看你是没希望了"，其实没有哪个孩子会故意把自己的分数考低，如果孩子已经尽力了，父母就要接受孩子的错误与失败，并让他有机会为自己所犯的错做出解释，然后，父母再从旁协助孩子找出失败的原因，鼓励他们再次尝试，而不是把失望和愤怒挂在脸上，不断指责、挖苦孩子的过失。这时候，父母不妨跟孩子分享一下自己曾经面对的错误与失败，让孩子了解到爸爸妈妈也有不完美的地方。

有一句父母经常挂在嘴边而孩子最讨厌听到的话，就是"别人家的孩子"。"别人家的孩子都能考第一，你怎么就这么笨"，"别人家的孩子怎么听父母话啊"……父母常拿"别人家的孩子"来说自己的孩子，这反映的正是一种攀比心态。殊不知，每个孩子都是不一样的，如果父母总是拿别人的长处跟自己孩子的短处比，给孩子施加压力，那只能使自己的孩子越比越自卑，这样怎能培养出有自信心的孩子来呢？尺有所短，寸有所长，只要孩子努力了，无论结果怎样，父母都应该给予鼓励，使他们增强自信心。而当孩子遇到挫折或失败时，父母更应该像知心朋友一样理解孩子，鼓励孩子，帮助孩子战胜困难，当孩子说"我不行"时，父母要告诉孩子"你能行"，"我不相信你不行"，正如罗曼·罗兰所说，"先相信自己，然后别人才会相信你"。

果果上高一了，可是学习一直跟不上，成绩基本上都是倒数几名，渐渐地没有了自信，并产生了厌学情绪。

一天，果果拿着一张考了60分的数学试卷失落地对妈妈说："妈，我不想念书了，我根本不是读书的材料。"

"为什么啊？在妈妈眼中，你一直都是聪明、懂事的好女儿啊！"妈妈说。

"可是，我为什么考试成绩总也提不起来啊？这样怎么能考上大学呢？"果果疑惑地问妈妈。

"没有关系，孩子，你只是接受知识慢一点儿而已，但是你记忆力特别好，掌握住了就不会忘，这也是一大优点啊！"妈妈说。

"嗯。"果果的眼神中有了光彩。

"你才上高一，不要急，慢慢来，打好基础最重要。妈妈愿意等，妈妈相信你会一点一点进步的，你能相信自己吗？"妈妈很有信心地看着果果。

"妈，我要相信我自己。我会努力的。"果果坚定地对妈妈说。

妈妈在表扬、鼓励的同时也强化了果果的优点，果果的自信心逐渐增强，学习成绩也有了明显提高了，最后果果考上了理想的大学。

自信是一个人对自身价值的积极认识和肯定，这种肯定多来源于不断的成功体验。所以父母为孩子搭建展现自我的舞台，鼓励孩子通过展现自己获得成就感，对于帮助孩子树立自信就显得尤为重要，从孩子的长处、兴趣爱好入手，是一种很有效的方式。比如，孩子有领导才能，父母不妨鼓励孩子有意识地在家里或班级上担任一定的工作，在班级为大家服务时，常常会得到老师的表扬和鼓励，也会得到同学的羡慕，这样的成功体验越多，孩子自信心就越强。有些孩子在体育比赛中是佼佼者，有些孩子有文艺天赋，父母可以从他参加活动取得的成绩方面去表扬他，指出其有过人的特长，从而使孩子产生进取的内在动力，增强自信心。

但丁说："能够使我飘浮于人生的泥沼中而不致陷污的，是我的信心。"人生之路上，遍布泥沼，缺乏自信的人，会望而却步，相信自己的人才敢于迈步，　过泥沼，离成功也就不远了。面对困难，自信就像一把钥匙，能打开心锁，鼓励人勇敢前进。为了让孩子能在成功的道路上大步向前，父母们，对孩子少一些责备，多一些宽容，少一些攀比，多一些欣赏和鼓励吧，有什么是比孩子充满自信心，快乐健康地成长更重要的呢？

用乐观精神感染孩子

古老的犹太民族有一句俗语："如果你断了一条腿，那你应该感谢上帝不曾折断你两条腿；如果你断了两条腿，那你应该感谢上帝不曾折断你的脖子；如果你断了脖子，那你就没什么好担忧的了。"这句话告诉我们，同样一件事，如果能以积极乐观的态度看待，就能看到事物的另一面，排除消极、悲观的因素，快乐地生活。为人父母都希望自己的孩子有一个健康、快乐的人生，所以在生活中，父母们应当注重培养孩子乐观的心态，时刻用乐观的精神感染孩子。然而，事实却是，不少父母并没有认识到乐观态度的重要性，有的甚至正无意识中以自己悲观、消极的心态影响着孩子。

周末，父母和小丽约好一起去郊外踏青，不巧的是天公不作美，正准备出门的时候，天下起了雨。

小丽很着急，不住地问妈妈："妈，我们还能去吗？"

妈妈看着窗外的大雨气恼地说："该死的天，又下雨了。最讨厌下雨了，到处湿漉漉的。"

听了妈妈的抱怨，小丽就知道没戏了。

"唉，最讨厌下雨了，路滑，衣服也干不了，总是一股霉味儿！"妈妈在一旁不停地嘀咕。

小丽被妈妈影响，也没来由地讨厌起下雨天，心情也有些阴郁，闷闷不乐的。

爸爸看着了，就对小丽说："太好了，又下雨了！"

妈妈在一旁不满意了，"下雨有什么好啊，害得我们不能出门？"

"可是，你埋怨老天，这雨就能停吗？你们俩别生闷气啦，快来看看窗外的水花，多好看啊！等下完了雨，空气会更清新，花草也得到了滋润，景色会更美的！我们再去看不是更好？"

"对呀，爸爸说得对呀！"小丽开心地笑了。

妈妈以悲观的心态看待下雨，不但自己不开心还影响了小丽，爸爸以乐观的心态看待下雨，终于让小丽喜笑颜开。父母因为人生态度不同而对事物有了截然不同的看法，带给孩子不同的影响。而乐观的态度，才能给孩子传递快乐，让他无论面对何种环境，都保持一种愉悦的心情。

生活从来都不是十全十美的，人们总会遇到各种各样的问题，但是乐观者总能从问题中看到希望，而悲观者却无视希望，只看到失望甚至绝望。心理学也有研究证明，保持乐观态度的人，感到生活幸福的比例也会比较高，那些因感到不幸而终日抱怨的人，往往都是人生的悲观者。既然如此，为什么不做个乐观的人呢？不论遇到什么样的困难、挫折、失败、灾难，一个人只要拥有乐观的心态，就会看到希望并且为之继续努力，就可能取得成功。所以，父母应该注重培养孩子乐观的心态，这不仅有利于孩子健康地成长，也会影响到孩子未来的幸福。

父母是孩子的一面镜子，父母的言谈举止会对的孩子的成长产生重要的影响。如果父母看事悲观，那么孩子就会受其影响以悲观的态度思考问题，逐渐变得消沉、忧郁，失去克服困难的勇气与信心。因此，在与孩子相处时，父母应积极乐观地面对生活，如果在遭遇挫折、困难时，常常情绪悲观，就要尽力改变自己的思维与行为方式，为孩子做好表率。比如孩子成绩没考好，但是比上一次有进步，那父母就应该乐观地看到孩子的成长，继续鼓励孩子；当孩子抱怨自己太笨，连个足球都踢不好时，父母也可以这样对孩子说："爸爸小时候踢球也踢不好呢！"父母在处理自身问题和家庭问题时的乐观态度，对孩子也具有重要的示范作用，孩子耳濡目染也会在面对困境、挫折时保持自信，逐渐养成乐观的品质。父母的好态度是可以感染孩子的，乐观的父母才有乐观的孩子。

父母还可以引导孩子辩证地看待事物，换一个角度看到事物的另一面，也是有益的。当孩子为只剩下一个星期的假期而作业还没完成而忧心忡忡的时候，父母不妨这样对孩子说："看，还有整整七天的时间呢！"当孩子失落地看着只剩下半瓶的饮料时，父母不妨这样对孩子说："太好了，还有半瓶呢！"父母可以告诉孩子：生病了要忍受打针吃药的折磨，这时就该庆幸自己没有患上不治之症，更应该勇敢快乐地积极治疗；做错了事情遭到父母批评，心有怨恨，不妨想一想那些留守儿童缺少父母关爱是多么可怜，比起他们自己已经幸福多了……随时保持积极乐观的心态，孩子的脚步就会更加坚定，内心也就更加泰然。

生活和学习中，总免不了有一些挫折与困惑，悲观只会让孩子陷入沮丧的泥淖里，久而久之，形成自卑甚至自暴自弃的心态，父母应该引导孩子拥有一颗积极、乐观的心，微笑面对人生。

人生旅途中总会有坎坷曲折，只有用乐观的心态积极地对待，才能战胜一切困难。在遇到困难和挫折的时候，父母不妨教孩子像普希金所写的这样：

假如生活欺骗了你，

不要忧郁，也不要愤慨！

不顺心的时候暂且容忍；

相信吧，快乐的日子就会到来。

提高孩子的抗挫折能力

孩子永远是父母的宝贝，为人父母者，都希望孩子的成长之路一帆风顺。但是成长必定会伴随着挫折，如在学校被老师批评、参加比赛没得名次、病痛缠身无法安心学习……挫折一方面会带给人失望、痛苦，甚至使某些意志薄弱者失去对生活追求的勇气，但另一方面又给人以教益，使人认识错误，收获教训，从而更加成熟、坚强。所以，挫折是一种宝贵的资源，也是一笔人生的财富。但是，如今很多孩子经不起一点儿挫折，他们在长辈的宠爱、父母的溺爱下遇到一点儿困难就愁眉苦脸，不是想找大人帮忙就是想放弃，或怨天尤人。父母这种"可怜天下父母心"的做法，其实并不利于孩子的成长。

13岁的洋洋喜欢和爸爸下象棋，但毕竟年纪小，棋艺赶不上爸爸。

一次在下棋的过程中，洋洋无法接受输棋的现实，就哭着说道："我不下了，我不下了。"

爸爸看着满脸泪水的孩子，心疼地说："下一盘爸爸让你先走，来来来，再来一盘。"

洋洋立刻破涕为笑，和爸爸再战了一盘。但是在下棋的过程中，爸爸眼看儿子要输了，就会"放水"让他高兴。

"儿子，你有个棋子危险呐！"爸爸一边说还一边用眼神示意洋洋。

"哦，是啊，还好你没有给我吃掉，不然我就少一员猛将了！"洋洋赶紧走了那颗危险的棋。

"爸爸，等一下，我刚刚走错了，让我重新走吧？"洋洋说。

"好吧，爸爸就当没看见。"爸爸一次次地让着儿子。

就这样，洋洋终于赢了这盘棋。只要和爸爸下棋，洋洋总能赢，但是和朋友一块儿下的时候，洋洋却是输得最多的那个，一输棋，洋洋就会哭闹，还说朋友耍赖，久而久之，洋洋的棋友就只剩下爸爸一个了。

洋洋不肯接受失败的现实，输了棋就又哭又闹，最终弄得朋友们都疏远了他。洋洋为何如此输不起呢？原因还得从爸爸身上来找。爸爸心疼洋洋，担心他输了棋会伤心，于是处处让着他，使得洋洋不愿承认错误，老是用哭来推卸责任，承受失败的能力越来越差。敢于认输，敢于接受挫折，才能从挫折中得到经验教训，更好地解决问题。可惜爸爸却不明白。

生活中，很多父母也像洋洋爸爸一样，对孩子百依百顺，将孩子养在蜜罐里过着衣来伸手、饭来张口的生活。他们帮孩子打理好生活中的一切事务，小到吃饭穿衣，大到孩子的未来规划，都亲自出马，为孩子解决。但孩子往往也正是因为过于一帆风顺，没经过风浪，一旦碰到问题和困难经常会不知所措，还容易产生畏惧、退缩、抑郁等情绪或行为，更别说想办法去战胜困难、解决问题了。这些在父母保护伞下长大的孩子，往往比其他孩子更容易受挫。父母的全方位保护和包办代替给孩子留下了终身的

"残疾"，而将其治愈最好的药就是，父母放开为孩子遮风挡雨的翅膀，让孩子在人生中的风雨中吃点儿苦，学会自立自强。

著名的心理学家马斯洛说："挫折对于孩子来说未必是件坏事，关键在于他对待挫折的态度。"父母应该引导孩子学会如何面对挫折并战胜它。有很多人在遇到挫折时，很容易陷入负面情绪，总是将失败归咎到自己身上，习惯对自己一味地责备和否定，不懂得如何去调整负面情绪。父母要做的，就是不断地优化孩子的心理素质，增强孩子的心理承受能力，帮助他们建立乐观、自信、敢于面对、积极向上的生活态度，从而提高孩子的耐挫折能力。这样，孩子才能不断自我完善，在遇到挫折和失败时，处变不惊，勇往直前。同时，父母要成为孩子的"顾问"，为他们提供克服困难的方法建议，在孩子失败后引导他们分析失败的原因，鼓励孩子重拾信心。

克服困难，应对挫折，都离不开父母的鼓励。在遇到困难时，父母要不忘鼓励孩子"爸爸妈妈相信你"、"你能行，大胆尝试吧"；在孩子遭受失败时，父母更要鼓励孩子"失败是成功之母"，给予孩子跌倒了再爬起来的勇气；如果孩子成功了，父母也要鼓励孩子"你真勇敢"、"好样的"，增强孩子再一次挑战的信心。同时，榜样的力量是无穷的。在日常生活中，父母可以适时地给孩子讲一些有关挫折教育的故事，让孩子在具体榜样形象的感染下加深对挫折的认识，激起内在的上进热情。例如全国十佳少先队员周婷婷的故事就是一个鼓舞人心的好范例。

周婷婷很小就双耳失聪，虽身处逆境，但却自强自立：8岁时背出圆周率小数点后1000位数字；10岁发表了6万字的幻想小说；16岁上了大学；先后被评为全国十佳少先队员，全国残疾人自强模范……

父母对孩子的爱是显而易见的，但是，这种爱往往导致孩子遇到困难时消极逃避，缺乏承受挫折的能力，有些孩子甚至把责任推给父母。美国父母懂得正确地引导孩子乐观地面对困难，积极地寻找各种方法去解决困难，这才是真正的对孩子好。

挫折是孩子成长之路上必经的坎，孩子要长大，将来必定要独自去面对人生中的挫折。而对于那些敢于面对挫折的人来说，挫折是一块成功的垫脚石。父母只有在日常生活中让孩子品尝一点儿生活中的磨难、懂得人生坎坷，并学会从挫折中吸取教训，才能提高孩子的抗挫折能力，孩子才会在遇到挫折时表现出坚强、勇敢、自信的精神，用自己的力量和智慧去克服人生中一个又一个困难和挫折，一步步走向成熟，走向成功。

孩子的意志力需要千锤百炼

世上无难事，只怕有心人，坚强的意志力是一个人成功的动力，孩子应该从小培养这种精神。然而，很多父母反映自己的孩子做事常常犹豫不决，半途而废；或是自制力差，制订计划但不执行，一遇到困难就退缩；或是一会儿学这，一会儿学那，什么事情都是三分钟热度，一天到晚也在忙忙碌碌，却不见成效。这其实都是孩子缺乏意志力的表现，也都是非常有必要改造的。

小华有睡懒觉的坏习惯，常常赖床，有时候甚至一觉睡到中午。

一天，妈妈做好了早饭，叫小华道："女儿，起来吃早饭啦！"

"妈，你们吃吧，我不吃啦！"小华继续蒙头大睡。

"那我给你留点儿啊，起来记得吃啊！"妈妈已经习以为常了。

十点多钟了，小华还没有起床，于是妈妈又叫了："小华啊，快起床啦，太阳都晒屁股啦，再不吃饭都要凉啦！"

在妈妈的催促下，小华终于起床了，吃了早饭，打开作业开始写。可是不一会儿，小华就又困了，于是她央求妈妈道："哎呀，妈呀，你可怜可怜我吧，学习这么累，就让我再睡会儿吧！"

妈妈一想，孩子学习也确实挺累，于是就应允了："好吧，睡吧。"

就这样，小华被瞌睡虫打败了，一上午也没干什么正事。

小华就是一个缺乏意志力的孩子，她没有以坚强的意志打败瞌睡虫，打败自己的懒散，所以一上午就这样给虚度了。而作为父母，在小华想偷懒的时候，妈妈也没有正确地监督和引导小华，鼓励她战胜自己，而是任由孩子放纵自己，这也是不应该的。这样的事例是不是也时常发生在您和您的孩子身上呢？实际上，孩子的意志力是需要磨炼的。

古人云"只要功夫深，铁杵磨成针"，要想实现一个目标，达成一个愿望，必须意志坚强，吃苦耐劳，才能战胜自我，得偿所愿。所以，平时父母应该重视孩子意志力的培养和磨炼。实践证明，每一次成功都将会使意志力进一步增强，意志力顽强，自信心就会相应增加。如果孩子意志力薄弱，遇到困难总是绕道走，什么事情都是三分钟热度，就无法刻苦钻研，那么无论是学习还是别的方面，总会半途而废，离成功也就越来越远了。"不积跬步，无以至千里；不积小流，无以成江海。"这是古人的经验之谈。

既然培养孩子的意志力对他们日后的发展有举足轻重的作用，那么，如何培养孩子的意志力呢？坚强的意志力是一点点磨炼出来的。从日常生活点滴小事入手，一步步锻炼意志是一种行之有效的方法。父母要帮助孩子克服困难，鼓励孩子学习许三多那种"不抛弃，不放弃"的精神，坚持把一件事做完。平时，父母也可以分派给孩子一些家务，让他独立完成，在战胜各种困难的过程中，孩子的意志力会不断提高。跑步、游泳、骑车、瑜伽等运动也是不错的选择，虽然这些运动既艰苦又乏味，还会让人腰酸背痛，但在运动过程中孩子的自制力、意志力能够得到磨炼，还有助于身体健康。练习一种乐器，坚持阅读或是写作同样适用。其实，选择怎样的活动本身并不重要，坚持才是问题的关键，如果能够监督孩子坚持做下去，最终会让孩子有所收获的。

儿子小坤学会了抽烟，妈妈为此很苦恼。

"儿子，你知道吗？长期抽烟的人，肺都是黑的，还容易得癌症。多可怕啊！为了你的健康，咱把烟戒了好吗？"妈妈说。

"妈，我知道，我也试过，可是我忍不住啊！"小坤也很无奈。

"这样，咱们一步步来，首先你可以将每天抽的烟由一盒减为五根，你同意吗？"

"嗯，我尽量控制。"小坤说。

"当你想抽烟的时候，就吃点儿水果，转移注意力，实在忍不住了，就抽一根。"

在妈妈的建议下，小坤的戒烟计划初见成效，他每天坚持，一个月后终于将烟量减下来了，而且抽烟的欲望也没有那么强了。小坤特别开心。

"只要你坚持，一定能戒掉的，身体也会越来越健康。"妈妈鼓励道。

就这样，在妈妈不断的监督和鼓励下，小坤用自己坚强的意志战胜了烟瘾。

意志力的培养离不开磨炼，而越是困难的环境就越能磨炼人的意志力。所以古人说："天将降大任于斯人也，必先苦其心志，劳其筋骨，饿其体肤。"生活中父母应该有意识地给孩子设置点儿障碍，为他们提供吃苦的机会。无论是学习还是生活，挑战、困难、挫折都是难免的，父母再宽阔的臂膀也无法呵护孩子一辈子，如果今天孩子缺乏吃苦的能力，将来就会真正体会到"苦"的滋味。所以，无论是家务劳动、学校的各种活动，还是社会公益活动，孩子能够参与的就让他们参与，只有流过汗、出过力，孩子才能承受战胜困难的锻炼和考验，意志才能坚韧起来。父母需要做的是：遇到困难和挫折时，帮孩子冷静分析其原因，看看用什么办法才能克服困难，切忌动不动就给予直接帮助。

有志者，事竟成。人的意志力有极大的力量，它能带领人克服一切困难，不论所经历的时间多长，付出的代价有多大，如果你的意志力足够顽强，就可以引导你朝目标不断前进，你所面对的问题，都会迎刃而解。家长们，想要您的孩子成为一个拥有坚强意志的人，那么就从现在开始锤炼孩子吧！

孩子经历越多才越理解责任的内涵

"当他还是一个孩子的时候，就对另一个更弱小的孩子担起了责任"，这是2005年感动中国人物之一洪战辉的颁奖辞，他的故事感动了无数的人，也为人们诠释了责任的力量和伟大。一个对自己负责，对他人负责的人，是值得所有人学习和敬佩的。然而，如今大多数孩子家境优越，却越来越缺乏责任感，他们以自我为中心，刻意地追求享受，缺少为他人着想、对他人负责的意识。究其原因，这与父母小皇帝、公主式的溺爱教育是很有关系的。望子成龙心切的父母，心甘情愿、尽可能地替孩子做一切事情，对孩子的需要有求必应，将孩子应负的责任担到自己肩上，却不知，这种教育方式只会导致孩子缺乏责任意识，成为只知索取不知责任和奉献为何物的人。

小江对摄影比较感兴趣。周末他便约了邻居家的小虎一块儿去公园拍照，因为小虎有一台新买的相机。

公园里人比较多，一次，小江正准备从小虎手里接过相机的时候，被旁人一挤，相机当场摔在地上，拾起来已经不出画面了。

回到家，小江就把这事儿告诉了妈妈，妈妈没当回事儿地安慰儿子："儿子，没关系，这又不赖你，是他自己没递好嘛，是别人挤坏的，又不是你摔的。"小江觉得有妈妈撑腰，如同吃了一颗定心丸。

不一会儿，小虎妈妈就找来了，说："小江妈妈，我家的相机摔坏了，你知道吧？你看看这事怎么处理啊？"

"你家相机摔坏了，关我们什么事啊？又不是我儿子摔的。"小江妈妈说。

"小江妈妈，你别激动，我没说是小江摔的，这事情他们俩都有责任，可是相机坏了是事实，你看我们两家共同分担维修费用吧？"小虎妈妈说。

"我儿子有什么责任，那还不是你儿子递的不是时候？"小江妈妈说。

"那你让两个孩子说说，到底怎么回事？是不是你们一块儿摔的？"小虎妈妈问。

小虎肯定地点了点头，小江先点了点头，然后又使劲儿摇头。小江妈妈见状，脸上就挂不住了，说："多少钱？我们赔！我们又不是赔不起！"两家人算是和解了，但也是不欢而散。

在父母的眼里，自己的孩子都是最好的。当小江与小虎发生利害冲突的时候，小江妈妈把责任完全推卸到别人身上，企图让自己的孩子逃避责任。这样的教育对孩子是有害的，在遇到问题的时候，从小接受这样教育的孩子会想方设法为自己找借口，会养成推卸责任的恶习，不愿意承担自己应该承担的责任，而一个不愿承担责任的人，是没法与他人友好相处的，将来走上社会，他一定会遭遇到人际交往的困惑，所以父母要从小教育孩子敢于承担责任，做一个负责的人。

孩子作为一个独立的人，他的成长不仅仅是身体和智力方面成长就够了，人格和人品也是非常重要的一方面。父母只有为孩子的成长提供全方位正确的引导，才能使其成为一个完整意义上的优秀的人，而学会负责任就是重要的品质之一。只有具备高度责任感的孩子才会主动承担起对家庭的责任，对社会的责任，才会更加刻苦认真地去学习，脚踏实地地投入到工作中去。相反，缺乏责任感的孩子，容易形成自私、专横和冷漠的性格，当然也无法承担对他人、对社会的责任，更谈不上取得事业的成功了。

所以，父母应从小培养孩子的责任心，使他成长为对自己、家庭和社会负责的人。

首先，责任感的教育要从自我开始。父母要有意识地教育孩子对自己的行为负责。孩子只有学会了对自己的事情负责，才能逐步地发展为对家庭、对他人、对集体、对社会负责。这就要求父母放弃对孩子的溺爱，不娇惯孩子，让孩子独立完成自己的事，比如，让他自己洗衣，自己打扫房间，这样孩子才能明确什么叫责任。如果孩子遇到困难，父母可在语言上给予指导，但是一定不要包办代替，给孩子机会独立把事情做完。父母对孩子责任心的培养应从家庭起步，从日常生活小事抓起。

其次，培养孩子的责任心，父母要引导孩子为他人着想、对社会负责。一个能够对他人负责的人，才能赢得别人的尊重和信任，受到大家的欢迎。具体说来，父母要教给孩子以下这些：说话要讲信用，负责任；做错事情，懂得道歉和改正；家人生病或不舒服时，要知道问候和关心等。在社会层面，父母应该提高孩子的环保意识、公益意识和集体意识。例如安排孩子去看望敬老院的老人，为老人打扫打扫卫生，读一读报纸，积极参与义演、义卖、捐助等公益活动，这都是培养孩子责任心的有效途径。孩子在这样一次次的经历和付出中，从他人的微笑和感谢中，就更明白责任的意义了。能负责，敢担当的人，才是社会所需要的人。

有一个孩子，一次，他踢足球不小心将邻居家的玻璃损坏了，但是他瞒着所有人没有说。

本以为这件事就这么过去了，可是一天，爸爸把他叫到跟前说："儿子，如果一个人犯了错误却不敢承担责任，你觉得他做得对吗？"

"不对。"这时这个孩子明白爸爸已经知道了自己所犯的错，"爸，我损坏了邻居家的窗户，这不应该，犯了错误逃避责任更不应该，我错了。"

爸爸见儿子真心悔过，于是就说："那你要对自己所做的事情负责，邻居家玻璃的维修费就由你来想办法了。不过我可以先替你垫付。"

"好的。"

就这样，这个孩子攒了半年的零花钱工才终于将赔给邻居玻璃的钱如数还给父亲。

这个孩子后来回忆说，正是父亲的这种做法才使得他懂得了什么叫责任。

也许在某些家长看来，这个父亲的做法似乎对孩子太严厉了，其实这与我们中国的古话"一人做事一人当"是同样的道理。当孩子犯了错，家长应当如这个父亲一样，告诉孩子做错了事情不能逃避责任，要勇于承担后果、弥补过失。当孩子与人发生争执或冲突时，父母更不能一味地袒护自己的孩子，甚至越俎代庖替孩子担责任，这对培养孩子的责任心是非常不利的。

培养孩子的责任心不是一朝一夕的事，是一个漫长的过程。父母必须高度重视，引导孩子从小事做起，让孩子在有责任感的氛围下快乐成长，养成良好的责任意识，从而成为一个能负责、敢担当的人。

第四章
大胆放手，让孩子探寻自己的人生之路

　　父母都是爱孩子的，但爱孩子并不代表父母就可以决定孩子的人生，有时候父母爱的"翅膀"，其实也遮住了孩子自由飞翔的天空。每一个孩子都是一个独立的个体，孩子的人生之路还得孩子自己走。那么，孩子的兴趣和梦想，只要在原则范围内，父母都应该尊重和支持，然后放手让孩子自己去尝试，去选择，去体验，去经历。唯有这样，孩子才能自由成长，发挥特长，走出自己的路。父母大胆放手，是为了让孩子找到适合自己的人生之路。

孩子的特长要慢慢观察发现

如今的父母望子成龙、望女成凤，为了孩子日后有一技之长，送孩子去各种兴趣班、特长班，学习钢琴、舞蹈、绘画……这究竟是为了培养孩子的天赋，还是父母的"一厢情愿"？对于许多孩子来说，进特长班学习都不是他们心甘情愿的，相当一部分是由父母一手包办的。其实，父母不征求孩子的意愿，就给孩子报各种各样的兴趣特长班，如果孩子对所学不感兴趣，那么不但收不到应有的教育效果，还可能会阻碍孩子的发展。

放暑假了，家长们都争先恐后地忙着为孩子物色兴趣班。玲玲妈妈也不甘落后。

"玲玲，妈妈今天上街遇见你王阿姨了，她给小乐报了一个钢琴班，我也给你报上了，正好你俩可以一块儿学。"妈妈说。

"你怎么听人说什么就是什么啊？也不问问我的意见！"玲玲不喜欢妈妈自作主张。

"哎，妈妈辛苦挣钱供你读书，还让你学各种才艺，不都是为你好啊？多学点东西还有错啦？"妈妈觉得女儿不懂她一番苦心，也不高兴了。

"要学你去学，我才不去呢！"玲玲撂下一句话，心里想着："我这么爱动，一刻都坐不住，这么安静高雅的艺术，还不把我逼疯？"

"你敢不去？我报名费都给你交上了！"妈妈不由分说地命令玲玲道。

最终，胳膊拧不过大腿，玲玲还是乖乖去上了钢琴课，可是她根本不感兴趣，学了一个暑假，才勉强会识乐谱。

俗话说"强扭的瓜不甜"，玲玲在妈妈的逼迫下就了范，乖乖去学了钢琴，可是玲玲真正学到了多少呢？如果妈妈能够先了解玲玲的喜好，再对症下药，而不是盲目跟风，相信玲玲是能够学有所长的。

在如今越来越注重孩子"软件"条件的时代，歌唱得好、画画得好都能为孩子的能力评定加分不少。正因此，家长们乐此不疲地为孩子报各种兴趣班、特长班，这本身也是有利于孩子长远发展的。但是，有不少父母对孩子究竟喜欢什么、有哪些特长等问题都不了解，特长教育完全是父母的一厢情愿。又或者父母贪多求全，今天让孩子学钢琴，明天让孩子学美术，过两天又让孩子改学书法，不堪重负的孩子哪里还有学习的热情？所以，父母需要端正认识，孩子不同于大人，不能用成年人的标准去要求孩子，强迫孩子去学他不愿学的东西。放慢脚步，耐心地观察孩子的喜好和特长，去发现他真正感兴趣的东西，进而根据孩子的心理特点加以引导，这才是明智之举，也只有这样，才能达到父母所期望的效果。

人们常说，世界上不是缺少美，而是缺少发现美的眼睛。家长们平日里应多抽些时间陪孩子一起游戏、活动，与孩子交流感情，走进孩子的世界，这样才能发现他们的兴趣和特长。因为兴趣是最好的老师，特长培养往往是从兴趣开始的。比如说，您的孩子喜欢涂鸦，书本上、桌子上、墙壁上处处都有他的"墨宝"，那么他可能有绘画天赋；如果您的孩子喜欢讲故事，写故事，那么他可能想象力丰富，有作家的潜质；如果您的孩子喜欢发号施令，家庭聚会时善于组织活动、安排座位，那么他可能具备强有力的组织和领导才能。发现了孩子平时感兴趣的事情，家长还要加以引导，假以时日，说不定就能培养出一个画家、作家。

当然，假如您并不赞成孩子的兴趣爱好，不能仅凭自己的喜好，按照自己的主观意愿，对孩子横加干涉，父母应该站在孩子的角度去考虑，然后耐心地与孩子进行沟通，而不是强迫他们做一些他们不想做的事情。否则的话，孩子们不仅不会发挥他们的兴趣，反而会适得其反。就像上文故事中玲玲妈妈，她的思路是对的，可是这样强求孩子，逼玲玲学钢琴，效果就很不理想。相反，假如父母尝试着让孩子自己去选择他们的兴趣爱好，不但可以事半功倍还不会被子女埋怨。

小辰刚刚获得了省级青少年围棋比赛的冠军，小辰表示，这个冠军奖杯离不开妈妈的培养。

小辰接触围棋还要从小学说起。一次，小辰偶然提出要和妈妈下一盘五子棋，因为是第一次下棋，妈妈压根儿没把儿子放在眼里。结果，妈妈居然连输四盘。妈妈惊讶地说："你小子不错啊！"于是暑假开始，父母就把他送到围棋社学习围棋。这一学就是三年多。

中学以后，由于课业加重，小辰一度想放弃，"妈，我不想学围棋了，因为作业太多了！"

"儿子，你告诉妈，你是因为对围棋不感兴趣了，还是单纯因为作业太多了？"妈妈问。

"围棋会让我快乐，可是作业完不成我更痛苦！"小辰无奈地说。

"那这样吧，我们就把围棋课移到暑假吧，好不好？"妈妈说。

"这样好。"小辰说。

就这样，小辰在妈妈的支持和鼓励下，坚持着学习围棋，棋艺不断进步，最终夺得了冠军。

另外，父母还应该明白：特长教育只不过是孩子知识教育的补充，父母不宜将其看得过重，以免造成喧宾夺主的不良后果。而且孩子的特长教育应张弛有度，父母要给予孩子足够的自由活动的时间和空间，使孩子在玩中求学、在学中能玩，如此，才能收到良好的教育效果。

孩子的特长培养不是一朝一夕的事情，孩子毕竟是孩子，贪玩是他们的天性，同时他们的兴趣与爱好都具有较大的可变性，今天喜欢的东西，明天也许就不再喜欢了。父母不能急于求成，更不能拔苗助长，一定要慢慢观察，以孩子的兴趣为出发点，注意因势利导，激发孩子的学习兴趣和学习欲望，那么孩子自身的优势就会凸显出来。

让孩子在尝试中寻找自己的成长道路

一个孩子长到十七八岁，一定经历了人生的许多第一次，孩子也就是在一次次的摸爬滚打中分清是非对错，知道自己想要什么的。成长的过程就是这样一个不断尝试的过程。不经历风雨，怎么见彩虹？可是如今的孩子多是独生子女，得到父母的百般呵护，被父母的"爱"庇护着，已经没有了经历风吹雨打的机会。这样的爱的翅膀，其实也遮住了孩子自由飞翔的天空，要知道只有尝试，才能让孩子学会成长。

朋友们一块儿去攀岩，小涛兴致勃勃地跟妈妈说："妈，同学喊我一块儿去攀岩，您再给我买点儿运动装备吧？"

"攀岩，那多危险哪，万一摔下来可怎么办？不能去，不能去！"妈妈紧张地说。

"没关系的，有保护措施的，而且还有专业人士保护！您让我去嘛！"小涛央求妈妈道。

"不行，周末乖乖待在家。"妈妈严厉地说。

看到有同学能说会唱，小涛试探性地问妈妈："妈，我想学吉他。"

"你怎么想一出是一出啊？有时间多花点儿心思在学习上。"妈妈说。

"您放心，我保证不耽误学习。"小涛说。

"你敢保证，我可不敢相信。"妈妈笑着说。

就这样，小涛一个个的计划都被妈妈否决了，除了学习，他也不知道自己能干什么。

有些事情，不尝试就不知道自己行不行。如果连尝试的机会都没有，那就太可悲了。小涛妈妈就是这样一位不明智的母亲，她剥夺了小涛尝试的机会，一心只关心学习成绩，使得小涛越来越没有方向感。

在孩子成长的道路上，尝试是人生的必修课。比如尝试参加比赛，尝试唱歌跳舞，尝试克服困难，尝试谅解他人，甚至尝试失败。哲学上讲，实践是检验真理的唯一标准，每一次尝试不一定都能成功，但一定会有收获，只有经过尝试，才能知道自己的长处和短处，更全面地认识自己。如果成功了那自然好，会增强自信，让前进的方向愈加明晰；如果失败了，也能累积经验教训，从而完善自己。所以，父母们应该鼓励孩子去尝试，对你的孩子说"Just try it（尽管去尝试吧）"，让孩子在不断的尝试中，循序渐进地提升自己，找到自己应该走的路。

人生的路很长，孩子总有一天要离开温暖的家，独自去面对复杂多变的社会和未知的生活，父母不可能庇护孩子一辈子。父母现在对孩子的包办代替，呵护有加，有可能加剧了孩子的依赖心理。夺去孩子独立尝试的机会，这将给孩子的将来带来很多后患。比如有的家长在陪孩子玩游戏或者下棋的过程中，总是故意输给孩子，不愿让孩子体会失败。一直生活在伪造的顺境中的孩子走上社会后，往往不能正确应对突如其来的各种挫折和失败。再比如有的家长为了孩子的成绩，总是有意无意地扼杀孩子的小爱好，孩子因此更抵触学习，而且那些小爱好说不定就能造就一个未来的科学家、文学家呢。

与其这样，父母不如趁孩子年轻的时候，放手让孩子自己去尝试，去探索，去体验，去经历，让孩子在遇到困难、挫折的时候，勇于面对并学会自己想办法解决。这样孩子才能在失败中反省不足，逐渐成长，才有足够的能力去面对未来各种各样的挑战。与此同时，父母应该做的，就是帮助孩子学会在实践中分析问题，从失败中查找原因，总结经验和教训，不断完善自己。每一次的尝试都会是一次提升，一次成长。

叶子从小喜欢看书，看见哪里有书，随手拿起来就看。妈妈发现了叶子这个小爱好，于是就鼓励她："姑娘，图书馆里的书多，你可以去那里看。"

后来，叶子又迷上了电台广播，每天定时收听广播节目。一天，叶子对妈妈说："妈，据说咱们市电台要招少儿频道的播音员，我想去试一试。"

"好啊，去吧。你平时看书不少，普通话也标准，去试一试吧！"妈妈鼓励叶子。

听了妈妈的鼓励，叶子很有信心地报名了，结果还是在最后一轮面试时败给了另一个女孩。

可是叶子并不后悔，她告诉妈妈："去了电台，见识了更优秀的播音员，他们的声音和才华让我更爱播音了，妈妈，我将来想从事这一行。"

"妈妈支持你，那你就得从现在开始努力啦！"妈妈说。

"我知道！"叶子坚定地说。

另外，父母还应该努力为孩子营造自由宽松的环境，让孩子敢于尝试，让孩子在多种尝试中去寻找自己的路。这里，父母不妨参考一下美国父母的方法，比如，美国的父母如果发现孩子爱打篮球，就会鼓励孩子尽情地去玩。同时，只要孩子尝试了，不论结果如何，父母都应该给孩子鼓励和称赞。因为敢于尝试的人，都是勇敢的人。

在这个世界上，无论学习还是生活，很多事情不是一次就能成功的，可能需要几次，几十次，甚至上百次、上千次的尝试。在挑战面前勇于尝试，才能真真切切地体会到成长的滋味。就像没有尝试过忍受饥渴的孩子，永远感受不到食物和水的甘甜，没有尝试过挫折和失败的孩子，也品味不到成功的喜悦一样。是尝试让智慧得以增长，让能力得以提升。所以，父母们，放手让孩子去尝试吧，让孩子在尝试中成长！

在生活中逐步激发孩子的创造力

21世纪的竞争是人才的竞争，而人才的竞争集中表现在创新精神的竞争。具有创新精神的人，富于创造力，敢于独立思考弃旧求新，能发明创造崭新的成果。每个父母都希望有一个富有创造力的孩子，但现实世界里父母却常常无意中扮演创造力杀手的角色，因为创造力在孩子身上往往以好奇心强、想法稀奇古怪、不守规则、爱闯祸等方式表现出来，也就是说，最有创造力的孩子常常是麻烦制造者，而这样的孩子常常遭到父母的呵斥，而不是鼓励。

最近，爸爸买了一款新手机，商家说这款手机能防水、防摔、防刮，是所谓的三防手机。冬冬对它的三防功能很是好奇。

一天，爸爸上班忘了带手机，冬冬放学回来看见了放在家里的手机，就想试一试它的防水功能，于是就把手机放在了装水的洗脸盆里。

爸爸下班回来了，一边忙着找手机，一边问冬冬："儿子，看见老爸手机了没有？"

冬冬说："爸，你快去试试手机是不是真的防水，我刚给放在水里了。"

爸爸一听，脸色立刻晴转阴："你这孩子，这不是瞎闹吗？谁让你把手机放水里了？那还不进水啊？"爸爸马上把手机捞了出来，一边心疼地擦着手机，一边训冬冬："一天天地脑子不用在学习上，净给我惹麻烦，你看着啊，手机要是坏了，看我不揍你！"

"爸，我只是好奇嘛，想知道它为什么能防水。"冬冬委屈地说。

"你是科学家啊，你哪能知道啊？"爸爸说。

手机擦拭干净后，开了机，还能正常使用，于是爸爸松了一口气。他又叮嘱冬冬道："以后我不让你碰的东西不许乱碰，听见没有？"

"哦，知道了。"冬冬害怕地答道。之后，再遇到好奇的事情，冬冬也不敢吱声了。

好奇心也是创造力的源头，应该好好呵护。可是冬冬爸爸却不懂得这个道理，他只看到孩子的好奇心会惹麻烦，于是就责骂冬冬。其实，如果爸爸能够正确引导冬冬的好奇心，告诉他：善于发现问题，尝试解答是好习惯，只是在必要时要记得征求父母的意见。那么相信冬冬也不会变得唯唯诺诺了。

教育家陶行知说过："只有热爱、理解和尊重儿童，才能启发和教育他们，培养他们自觉活动的创造能力。"而爱、尊重和理解只有在开放的氛围中才能体现，越是自由开放的环境越能激发孩子的创造力。这就需要父母为孩子营造一个轻松、自由、愉快的氛围，不要以成人的思维模式去限制孩子，让孩子能大胆、自由地表达自己的意见。所以，平时，家长不应该将孩子管得太严，事事逼迫孩子守规矩，否则，长久下去，孩子就会变得唯唯诺诺，不敢越雷池一步，原有的创造性就会被埋没了。父母要尊重孩子的想法和做法，给他得以施展创造力的机会，鼓励孩子把他的独特个性和创造性发挥出来，只有这样，孩子的创造力才能被激发。为人父母者应该懂得如何在自己的孩子身上发现创造力，而不是把它当成孩子的调皮胡闹进行打压。

一般来说，富于创造力的孩子往往会有一些幼稚可笑的想法或是标新立异的举动，也许他们的独特思路、想法有时看起来可笑，但却反映出他们的创造性。不幸的是，不少父母却将这些当成了孩子的调皮胡闹横加责备。这样，孩子的创造性不仅得不到鼓励和支持，有时还会遭到训斥，甚至讽刺和挖苦。这其实是对孩子自尊心和创造力的极大伤害。当孩子揪着一个问题打破砂锅问到底时，当孩子对摩托车很感兴趣说他要拆下发动机研究一下时，父母应该倾听孩子的想法，赏识他的好奇心，如果条件允许就鼓励孩子去尝试，因为这些想法都是孩子创造火花的闪现。生活中，父母应该积极赏识和引导孩子在知识上、思想上标新立异，敢于发表不同意见，而不是批评责骂孩子，这样才有利于培养孩子的创造力。

小宝的爸爸是一名化学老师，一次，爸爸从学校带回了一小本pH（酸碱度）试纸。小宝很好奇，就用各种液体去试验。当橘子汁洒在上面时，试纸就变成浅红色；遇到石灰水，它马上变成蓝紫色。

"爸，我把您的试纸弄脏了！"小宝还以为爸爸会骂他。

爸爸说："没关系的。你发现了什么没有？"

"嗯，它会变色，而且不同的液体颜色还不一样。"小宝使劲儿点头。

"这是一种化学反应，pH试纸根据不同酸碱度就会呈现不同的颜色，与酸性溶液反应变红色，与碱性溶液反应变蓝色。"爸爸耐心地给小宝解释。

"那么橘子汁是酸性的，石灰是碱性的。"小宝说。

"对了，真聪明。"爸爸夸奖道。

后来爸爸抓住机会，还教会了小宝自制试纸，自行试验。为了配合儿子的"科学试验"，爸爸在家中不大的阳台上动手装了一个简易试验桌，还带儿子一起观看少儿科普杂志上的"小制作"栏目，让儿子依葫芦画瓢，先后制成了变色闪烁灯、双卡收录机等。

有创造力的孩子对人与事物较敏感，想象力丰富，点子多，问题多。为了激发孩子的创造力，家长可以在日常生活中不断向孩子提出一些富有启发性的问题，引导孩子积极思考，大胆设想，从多个角度寻求解决问题的方法，以激发孩子思维的积极性。例如，让孩子谈物品的用途时，说得越多越好，而且要鼓励他说出使用这些物品的新方法。另外，父母还可以鼓励孩子做小实验、搞小制作、参加发明创造比赛，让孩子在实践中激发创造力，增长智力。

华罗庚说过："人之可贵在于能够创造性地思维。"瓦特从开水引起茶壶盖跳动的现象中受到启发，勤于学习和思考，改进了蒸汽机，牛顿好奇苹果落地的原因，就认真思考，深入研究，后来发现了万有引力，这都是创造力。生活中，父母也要鼓励孩子不拘泥于别人的思路，不重复别人的答案，开动脑筋，独抒己见，同时，父母面对孩子的创造性行为时，要有耐心、会包容、会赞美，鼓励孩子多看、多听、多触摸、多探索，这样才能为孩子的创造性思维插上一双有力的翅膀。

用包容的眼光看待孩子的选择

在父母眼中，儿女永远是长不大的孩子，事事需要提点和指引。特别是对于当前大部分独生子女家庭而言，由于对孩子未来前途的过分担忧，父母往往对孩子干涉过多，管得过细，动辄对孩子的错误大加责骂，对孩子不成熟的意见和选择大加指责，因而，父母往往由于不够宽容而扼杀了孩子的天性。很多时候，父母认为自己所做的都是为孩子好，其实那都是父母一厢情愿的想法。

妮妮高中要分文理科，和妈妈一起商量要报文科还是理科的问题。

妮妮很喜欢文科，就对妈妈说："妈，我想报文科，因为……"

没等妮妮说完，妈妈就说："还用想？当然是理科。现在文科生哪里能找得到好工作？就算有工资也不高。"

妮妮说："可是我喜欢文科啊！"

"喜欢有什么用？妈妈我是过来人，还是理科好，我还能骗你吗？"不容分说，妈妈就帮妮妮做了决定。

"妈，你为什么总是这样？从幼儿园，到小学、初中、高中，我人生的每一个决定，都是你帮我做好的。从来都是你要我怎样做，而没有问过我是怎么想的。"妮妮哭着说。

"你哭什么哭？我还不是为你好？等你长大了就知道了。这件事没得商量。"妈妈说。

没想到，第二天，妮妮就给妈妈留下一封信，离家出走了。信里说："妈，我已经长大了，也能自己做决定了，请将选择的权利归还给我吧！"

妈妈含着泪对邻居说："我还不是为她好？看来我是白费心了。"

妮妮喜欢文科，想学文科，可是妈妈却让她学理科，妮妮自然不愿意。况且学文科，并非妈妈想得那么不好，文理只是社会分工不同，其工作需求和重要性都是一样的。每一个孩子都有自己的想法，有自己的独立愿望，有渴望摆脱束缚的权利，如果父母一直牢牢攥着那些"选择权"，把自己的意愿强加于孩子身上，对孩子的成长是不利的，因为在未来，为生命和生活负责的是他们自己，父母无法代替。

其实，对于孩子的成长之路的选择，父母很多的经验来自于自身的实践。可在父母小的时候，成长路径的选择非常少，而如今时代不同了，社会变化快，孩子成长路径的选择也变多了，父母没有办法去预计和设定孩子的未来。孩子将来在哪里工作，从事什么样的职业，有怎样的生活方式，都是父母无法设定和想象的。父母能够做的，就是用包容的眼光看待孩子的选择，为他们提供各种可能的基础和条件，在孩子迷茫的时候为他们指点迷津，在孩子误入歧途的时候提醒并拉他们一把。父母要给孩子自主选择的权利，让他们能够从自己的个性、追求出发，走出自己的路。

每一个孩子的兴趣和梦想，只要在安全范围内，父母都应该尊重和支持，然后放手让孩子去选择。你尊重了孩子的选择，孩子才会懂得感激，会产生自我认同感和责任感。如果孩子有了想法，有了兴趣，父母却不支持，那孩子怎么能成功？而且，如果孩子的选择总是被父母否定，时间久了，孩子也会产生挫败感，有的孩子索性听从安排，变得没有主见，随波逐流。孩子虽然年纪小，但是也有自己的尊严和独立人格，作为父母，要尊重孩子的意愿，尊重孩子的自主选择，只要不涉及原则性的问题，就应该给孩子充分的自由，让孩子自己做决定，这样，孩子才会成长为独立、有主见的人，进而成为能独立生活的人。

篮球明星乔丹的妈妈曾深有体会地说："在对孩子放手的过程中，最棘手的问题是让孩子去追求自己的梦想，自己做出决定，选择与我为他们设计的不同的发展道路。"可见，想让孩子真正独立，就一定要勇敢地对孩子放手。当然，假如父母并不赞成孩子的选择，也不能按照自己的意愿横加干涉，父母要懂得包容，站在孩子的角度去考虑，认真倾听孩子的想法，耐心地与孩子进行沟通，而不是强迫他们做他们不想做的事情，俗话说："退一步，海阔天空。"包容并不是无能的表现，而是处理问题的一种有效方法。

儿子立军念高二的时候，有一天突然告诉父母，他迷上了轮滑。

"爸爸，我想学轮滑。"

爸爸吃惊地看着儿子，说："你怎么忽然想学这么有危险性的运动啊？"

"爸，您不是教导我男孩子要勇于挑战吗？高中课业重了，压力大，学轮滑能让我放松。"立军告诉爸爸。

"可是，儿子，万一磕着碰着可怎么办？你不怕啊？"妈妈担心地问。

"不怕，我是男子汉！"

"既然如此，那这样，儿子，爸爸同意你先去试一试，如果有困难咱们再说。但是，你一定要保护好自己。"爸爸说。

"我会的。谢谢爸妈！"立军很开心。

之后，父母就陪同立军买了轮滑的全套装备，为他请了老师。立军后来告诉爸爸，其实当他准备滑行时，心里还是有些害怕的，但是父母能够支持他，他真的非常开心。

另外，还需要提醒父母的是，包容孩子并不等于纵容、溺爱孩子，并不意味着放任不管。无条件地满足孩子，只会让孩子恃宠生娇，依赖父母，失去独立思考和自力更生的能力。例如孩子爱上网，如果父母纵容不管，那么孩子很有可能染上网瘾，误入歧途。家长支持孩子不是无条件的，合理的要支持，不合理的父母要坚决反对，不能由着孩子的性子来。

在成长的路上，孩子难免犯错，或者作出不成熟的决定，作为家长，应该多接近孩子，多了解孩子，多听听孩子的心声，以一种包容的眼光去看待孩子。你不要替孩子做他力所能及的事，也不要干涉孩子正在做的事，而是在原则范围内，尊重和支持孩子的选择，再以及时的沟通、经常的鼓励为他们保驾护航，相信孩子会闯出一片属于自己的绚丽天空。

多给孩子一些自由时间和空间

随着孩子逐渐长大，他们越来越渴望拥有属于自己的自由时间和空间，渴望挣脱家人的束缚，独立地安排自己的生活，正所谓"生命诚可贵，自由价更高"。可是很多父母认为，孩子还缺乏足够的自我约束力和处世经验，不知道哪些事该做，哪些事不该做，如果父母不严加管教，孩子就很容易变得为所欲为。于是，孩子的课余时间被各种补课班挤得满满的，孩子的日记父母也心知肚明，如此剥夺孩子的时间和空间，禁锢孩子的自由发展，教育可能会得不偿失甚至适得其反。

早上，妈妈去女儿的卧室叫她起床，一推门就看见女儿晶晶正在穿一条黑色长裤。

"怎么穿这个啊？昨天不是给你找好要穿的衣服了吗？"妈妈一边说一边在衣橱里翻找她本来准备的粉色连衣裙，然后把裙子递给女儿。

不一会儿，晶晶出来了，还是穿着那条裤子。妈妈一看，鼻子差点儿气歪，声音一下子提高了："为什么不换裙子，还要穿裤子？"

晶晶一脸委屈："我喜欢这样搭配嘛！"

妈妈依然坚持："听话好不好？这样真难看，去换下来！"

"难看你就别看，我又没让你看！"晶晶也不高兴了。

"嘿，我是为你好，穿成这样去学校你不怕笑话，我还怕呢！快去给我换了！"妈妈不由分说地命令道。

"我不，我就不！"晶晶大声地吼道，连早饭也没吃，就气冲冲地走了。

"下回别指望我再给你买衣服啊，不听话。"妈妈说道。

晶晶在穿衣方面有自己的主见，可是她的穿衣搭配却引起了妈妈的不满，妈妈没有给晶晶选择的自由，命令她换上自己挑选好的衣服，母女俩意见不合，于是不欢而散。其实孩子大了，完全可以自己穿搭衣服，这样才能体现出孩子的个性，像晶晶妈妈这样干涉过度，剥夺孩子自由选择的举动，必然招来孩子的反感。对父母而言，面对孩子对自由的渴望，父母是该放手还是该干涉，这其中的度需要父母好好把握。

在许多父母看来，"时间就是效率"是至理名言，所以孩子的时间不容虚度和浪费，只有在课余时间抓紧学才能赢在起跑线上。父母觉得孩子还小，没有父母盯着，自由必然导致放纵。但是父母没有看到，孩子的学习负担和压力丝毫都不轻松，再加上各种补习班、特长班，孩子已经感受不到童年的快乐。父母也没有看到，从小被父母管得死死的孩子，做什么都小心翼翼、循规蹈矩，完全丧失了青春期的孩子该有的朝气蓬勃、敢想敢干的劲头。自由，是孩子成长的阳光。多给孩子一些自由的时间，让孩子自由探索和玩耍，才能培养出有创造力的孩子。多给孩子一些空间，让孩子享受了合理的自由，他们才能建立起牢固的信任感和安全感。

给予孩子自由，就要放手让孩子选择自己感兴趣的事情去做，只要不违背原则，父母都不应该过度干涉。因为兴趣是最好的老师，它会引导孩子走向成功。

孩子待在学校学习的时间已经很长了，父母不应该再给孩子太多的压力，让孩子担负过重的课业重担，要多给孩子一些自由，让孩子有时间了解和观察周围的事物，不管是在放学路上还是在其他时间，他们都可以学到许多教室里和书本上学不到的东西。孩子放学晚回家一会儿，有可能和同学聊天耽误了，这样就锻炼了孩子的交流能力；孩子也可能去逛商店了解新事物去了，这可以锻炼他们的社会实践能力。

周末，爸爸妈妈准备带小君一起去拜访一位老朋友。

"爸妈，我想向二位请个假，我可不可以不去啊？"小君问父母。

"这是爸妈的一位老朋友了，他几次说到你，说想见见我们家的公主呢！你为什么不想去啊？"妈妈很遗憾地问。

"哦，是这样的，我好不容易有一个可以自己支配的周末，我想干点儿自己想干的事情啊。"小君回答，"再说了，你们长辈相会，我在边上也没事干。"

"也是，妈妈没想到这方面，那就下次带你单独去拜访吧！准假了！"妈妈说道。

"哎呀，妈，您真开明！"小君接着说，"那您代我问叔叔好啊，顺便带上我的歉意。"

"嗯，小君真懂事！"妈妈夸她道。

在爸爸妈妈走后，小君先主动帮妈妈打扫了房间，然后完成了作业，接着拿出了《星空》拼图，认真地拼了起来。

给予孩子自由，也意味着给予孩子自我经历、磨炼和捶打的机会，孩子就是这样一步一步地通过自己体验、思考成长起来的。可是生活中，溺爱孩子的父母有很多，无论吃饭穿衣，还是学习办事，他们都亲力亲为，越位代劳。自由意味着父母要适当放开手，让孩子自由支配自己的时间，独立完成自己的事情。当孩子开始进行自我探索的时候，作为父母，既不要替他完成，更不要经常限制他。只有尊重孩子，给孩子合理的自由，孩子才会发展独立的人格，培养自己的责任感和自律意识，进而养成良好的个性品质。另外，还需要补充的是，自由并不意味着事事都依着孩子，不约束，不管教，在孩子享受自由的时间和空间之外，父母不妨给孩子立下一些规则，"无规矩不成方圆"。

对孩子们来说，整个世界都是新鲜的，都是值得去探索的，孩子需要自由，童年需要快乐。所以，家长们，爱孩子就要放飞孩子，多给孩子一些自由的时间和空间吧，让孩子自己去感受未知，获取经验，自由发展，快乐成长！

第五章
孩子的好人缘
都是长期锻炼出来的

　　好人缘是人格魅力的催化剂。一个知礼守礼的孩子，能赢得更多人的尊重，受到更多人的欢迎；一个自信大胆、不怯场的孩子，可以争取到更多的成功机会；一个能说会道、妙语连珠的孩子，在带给他人愉快和欢乐的同时，也能为自己加分不少；一个有爱心的孩子，懂得爱自己，更懂得爱他人；一个拥有好人缘的孩子，工作、学习和生活都会便利很多。但是好人缘不是天生的，要想让自己的孩子拥有好人缘，成为一个受人欢迎的人，父母就得做长期准备。

孩子的礼仪需要长期训练

荀子曾说"人无礼则不生，事无礼则不成，国无礼则不宁。"中华民族历来以"礼仪之邦"著称，讲文明、懂礼貌更是中华民族的传统美德，在提倡德、智、体、美、劳全面发展的今天，礼仪更成为人们关注的焦点。越是懂礼仪的孩子，越是被人尊重，受人欢迎。而有些父母却忽视了对孩子礼仪的培养，他们认为孩子还小，长大了自然就懂礼貌了。其实不然，要想成为一个有涵养的文明人，是需要经过一番训练的。

周末，妈妈带着宁宁去图书馆看书。图书馆里很安静，大家都在专心致志地看书。

宁宁也借了一本书看起来，书很有意思，看着看着宁宁就不自觉地哈哈笑出声来，妈妈心想，以后要多带宁宁来图书馆，全然没注意孩子的笑声已经打扰了周围的人。

"妈妈，这书真有意思！书里面的主人公……"宁宁是个大嗓门，这就拉着妈妈讲起来了。妈妈装作认真听的样子，其实只顾着看自己的书，时不时地插一句："哦，真的吗？挺好！"

"妈，你都没有认真听！"宁宁喊道，招来周围人一片埋怨的目光。

妈妈也觉得有点儿难为情，就一把夺下宁宁手里的书，说："你这孩子，只知道无理取闹！走，跟我回家！"

"我要看书，我要看书！呜呜呜……"在妈妈的生拉硬拽下，宁宁哭了，哭声把管理员都招来了，妈妈又是好一顿赔礼道歉加数落宁宁。

妈妈只顾着自己看书，在宁宁大声说话时没有及时制止，最终引起了一场大风波，如此忽视孩子的礼仪教育，着实不应该。进图书馆这样的公共场所时，父母应该提前提醒孩子，保持安静，不大声喧哗，这是一个人应该有的素养。如果孩子没做到，父母也不应该大声批评孩子，像宁宁妈妈这样的做法，既伤害了孩子的自尊心，也让大家对父母自身的文明素质产生怀疑。父母是孩子的一面镜子，父母应该时时刻刻注重自己的礼仪规范，这样才能在教育孩子时更有说服力。

对个人来说，有良好文明礼仪，能够被更多的人接纳，有利于建立和谐的人际关系。良好的礼仪是拉近自己和他人的一座桥梁，懂礼仪的人容易让别人接受，成为一个受欢迎的人，所以，礼仪教育应该成为孩子们的必修课程。让孩子从小认识礼仪的重要性，并且一步一步脚踏实地教育和监督孩子，让文明礼仪伴孩子成长，这是父母们应该做的。这对孩子树立自信心、建立良好的人际关系都有着积极的作用。

那如何让孩子懂礼仪呢？其实，并非如有些父母所想，等孩子长大了自然就懂得知礼守礼了。对孩子礼仪的培养是一个长期的潜移默化的过程，不是一朝一夕就能形成的，父母应该严格要求孩子，从日常生活中一点一滴的小事里规范孩子的言行。父母可以有意识地在不同场合，根据不同对象教给他具体的做法。如与大人见面时要尊称"爷爷"、"奶奶"、"叔叔"、"阿姨"等；对长辈说话时要使用"您"；见面要问声"你好"、"您好"；离开道别时要说"再见"；请求别人帮助时要用

"请"；得到帮助后要说"谢谢"；打扰了别人或伤害到人时说声"对不起"、"请原谅"；不随便打断别人的谈话；不随意插嘴；家里来了客人要有礼貌地回答客人的问话；到别人家里不随意动东西……礼仪不是靠说出来的，而必须通过不断地练习，在认识和实践的循环往复中由被动变为主动，最终内化为自身素质。只要持之以恒，一抓到底，孩子一定会养成文明礼仪的好习惯。

培养一个懂礼仪的好孩子，也离不开父母长期监督和教导。父母不要因为孩子是掌上明珠就过分溺爱，放任孩子不管，孩子有不对的地方就应该批评教育。当然，批评也应该注意方式和方法。当着众人的面过分训斥是不恰当的，这样做只会伤害孩子的自尊心，让孩子厌恶礼仪。要让孩子懂礼貌有礼仪，父母应当耐心地告诉孩子什么是礼仪，为什么要讲礼仪，相信没有哪个孩子愿意做一个不受欢迎的人。反之，如果孩子表现得好，鼓励和表扬也是不可少的。

小敏同妈妈一起坐公交车去奶奶家。小敏很懂事，礼品都提在自己手里。

"来，同学，你坐这里吧。"一位叔叔看小敏提着很沉的东西，主动给她让座。

"同志，谢谢你啊！"妈妈连忙道谢，然后用眼神示意小敏，小敏这才反应过来，忘记道谢了。

"叔叔，谢谢您！"小敏连忙笑着说。叔叔也笑了。

但是小敏没有立刻坐下，而是对妈妈说："妈，你坐吧，穿着高跟鞋肯定累。"

妈妈会心地笑了，说："小敏长大了，知道体谅妈妈了。"

坐下时，妈妈忽然想起什么，于是拉过女儿的手说："姑娘，谢谢你啊!"

"不客气,不客气。"母女俩都笑了。

其实父母就是孩子最好的礼仪老师。孩子与父母接触的时间最长,父母的一言一行,一举一动,对孩子有着潜移默化的影响。如果父母能够经常对孩子说"请"、"谢谢",让他明白礼貌用语是日常交流的一部分,那么孩子耳濡目染,自然而然会成为一个知礼守礼的好孩子。

有研究显示,那些守礼节、懂礼貌的孩子,其身心更加健康,而且更富同情心,更会关心他人,朋友更多,学习成绩也更好。由此可见,在孩子成长路上,对孩子进行礼仪教育意义重大。

不怯场的孩子是需要慢慢培养的

俗话说"性格决定命运",也许有人会对这句话存有异议,但是不难发现,生活中,性格开朗、自信而不怯场的人,总是更受大家的欢迎,他们的社交能力、沟通能力都比较强,也更容易成功。所以,拥有这份自信,对孩子来说是很重要的。然而,有家长反映,孩子和家人在一起时还挺活跃,但是一旦有陌生人在场,或者在一些社交场合,特别是在自己不熟悉的环境中,孩子就会表现得很不自然,甚至怯场,不少家长正为此苦恼。

思思妈妈这些日子很焦虑，她发现，思思胆子特别小，在公众场合总是藏在自己身后，也不怎么爱说话。

一天晚上，亲戚都聚在思思家给思思过生日，妈妈说："思思，来，小寿星给大家唱个歌吧？"

思思平常很会唱歌的，但是妈妈突如其来的要求还是让她无所适从，她愣了一下，说："我唱不好，唱不好……"

这时大家都将思思往外推，"哎呀，唱一个嘛，唱一个！"

思思站在大家中间，特别窘迫的样子，脸涨得通红，灰溜溜低着头跑进了自己的房间，留下一屋子的人不知所措。

妈妈连忙打圆场，"哎呀，思思感冒了，今天嗓子痛。"

客人们走后，妈妈叫过思思来，埋怨道："平时你不是唱得挺好吗？今天怎么了，你让妈妈好不尴尬呀！"

"妈，对不起，我不是故意的。"思思也很委屈。

"你总是这么怕生，以后可怎么办哪？"妈妈也很忧心地说。听完这话，思思也更难过了。

其实，怯场并不可怕，可怕的是不知道做出努力，克服怯场。思思妈妈认识到了孩子怯场的毛病，但这还不够，引导孩子克服怯场才是真正地帮助孩子。如果妈妈能够在适当的时候，鼓励思思，在事后安慰思思而不是埋怨，在日常生活中注意培养思思的自信，那么或许思思就能够大胆自信地高歌一曲了。

生活中，在一些陌生的场合，大多数人多多少少都会有一些怯场，有调查显示76%的演讲者上台前都曾有过怯场经历。有一些人仅仅表现为紧张、不自然，情节严重的人则会产生自卑感，即使有实力和能力也不愿意表现自己，这样的人依赖性强，遇到事情拿不定主意，没有主见，优柔寡断。然而事实证明，自信的人，不怯场而敢于表现自己的人，更受青睐。有时候，自信也是一种魅力。因而，如何引导孩子勇敢、自信地面对不熟悉的环境，大胆展示自我，是值得父母们思考的。

如果孩子存在怯场的毛病，家长不妨想一想，您是否过度"保护"了孩子？父母的包办代替是孩子形成怯场的重要原因之一。一些家长对孩子百依百顺，不让孩子做任何事情。舒适、安逸的生活，剥夺了孩子自我表现的机会，久而久之，孩子就养成依赖父母的坏习惯，父母一不在身边，就怕了。有的父母怕孩子在外受欺负、吃亏、学坏，因此把孩子保护在家中，让孩子变得胆小、怕见生人。所以，生活中，父母应该给孩子自己面对问题的机会，并引导孩子独立解决问题。比如孩子与人起争执了，父母不可以插手，要鼓励引导孩子自己去理论。这看起来是小事，但是对锻炼孩子的胆量、口才很有益处，在一次次的经历中积累了经验，孩子就会提高自信，在重要的场合也就不会怯场了。同时，父母要鼓励孩子大胆与人交往，让孩子在交往中消除内心的害羞、胆怯的心理。

鼓励和赞许是最有力量的语言，对改善孩子怯场也是很有帮助的。父母可以告诉孩子，人要对自己有信心，一定要不断地给自己打气，告诉自己"我是最棒的"。在孩子紧张时，父母的一声鼓励，就能给孩子力量，在孩子表现优秀时，家长也不要吝啬表扬，不要忘记把你那赞许的目光适时地送给孩子，向孩子表达你对他的自豪和骄傲。孩子感受到了鼓励和赞许，他才会感觉自己比别人强，他才会相信自己能够做好。

妈妈带着小强参加了一个青少年才艺大赛，赛前，妈妈看得出来，小强有些紧张，因为现场有好几百名观众呢。

为了缓解小强的紧张情绪，妈妈握住他的手，鼓励道："孩子，你是最棒的，平常心，平常心就好。"

"妈妈，你放心。我就把这里当作学校的舞台好了。"

在台下，妈妈使劲儿给小强鼓掌，给小强加油。本来担心孩子怯场，结果小强表现得超乎寻常的好，一点儿没怯场，唱歌、跳舞、展示才艺、回答问题，每个环节都特别棒。

小强小时候是个十分腼腆的孩子，在众人面前说话就口吃，为了让孩子不怯场，妈妈就带着他到各种场合接触不同的人，展示的机会越多，孩子就越自信，就发挥得越好。

如今，为了孩子的全面发展，父母也可以鼓励孩子参加演讲、歌唱、话剧表演等各种活动，在参与中培养自信，一点一点改善怯场的毛病。一位演讲顾问曾说，充分的备战可以消除75%的怯场感。如果孩子将要参加一些大型活动，充分的准备是克服怯场的有效法宝。父母可以与孩子共同讨论，在登台前做孩子最好的观众，与孩子一起反复练习，做到有备无患，那么孩子的信心也会随着所做准备的充分性而提升，自然就不会怯场了。

第五章 孩子的好人缘都是长期锻炼出来的

教孩子会说话，从家里练习开始

对于说话，只要是生理健康的人，人人都能说，但是能说话不等于会说话。会说话的人，能够在恰当的时机，对恰当的人，说出恰当的话。说话是一种能力，也是一种资本，要想成为一个受欢迎的人，会说话能加分不少。然而现实却是，很多家长只盯着孩子的学习成绩，轻视孩子的语言表达能力的培养，或者就是家长太严厉，动不动就发怒，使得孩子不敢说话。不敢说和不会说，从长远看来，都会限制孩子的发展。

侃侃而谈、能说会道的孩子总能得到更多的关注和夸奖，嘴巴甜的孩子更是惹人爱。语言本身就是一种沟通的工具，如果父母能够发掘孩子的语言能力，教得孩子会说话，在严肃的场合能够逻辑清晰、能言善辩，在轻松的场合能够带给人愉快和欢乐，在尴尬的场合能够灵活机智、幽默风趣，那么不论走到哪儿，孩子都会受到大家的欢迎。

当然，培养会说话的孩子，离不开父母的引导。父母和孩子长期朝夕相处，如果能够在日常生活中有意识地练习孩子的口才，那么效果势必更好。父母要多给孩子创造一些说话的机会，巧妙地将说话的技巧贯穿其中，潜移默化地训练孩子的口才。例如父母不妨睡觉前安排一段家庭聊天时间，全家人暂时放下手中的事情，心平气和地进行交流，谈谈各人一天中的见闻、趣事，在聊天的过程中，父母可以告诉孩子：说话的时候要注意礼貌，保持微笑，多说"请"、"谢谢"等礼貌词；要以能产生共鸣的话题投入到交谈中；避免滔滔不绝让对方没有说话机会；懂得察言观色，根据对方的态度调整说话情境；若是不同意对方观点要间接指出；谈吐幽默能使谈话更愉快等。

如果孩子说得好，父母不要忘记赞美孩子。赞美也是一种语言艺术，一位名人说过："没有人不爱被赞美，只有不会赞美别人的人。"所以，父母不仅要以身作则赞美孩子，还要告诉孩子赞美别人一定是要发自内心的、真诚的。

另外，一个人自顾自地滔滔不绝，完全不顾他人的感受，并不等于会说话。有研究者总结了世界上的顶级推销员成功的经验发现，他们不仅是最会说话的，而且也是最善于倾听的人。善于倾听的人虚心，所以为每个人所信任；善于倾听的人也善思考，所以为每个人所喜欢。所以父母要告诉孩子，要听为上，要欢迎不同的意见，不要随意打断别人，为他人关心你的事情而真诚地感谢。这就要求父母在生活中也如此，无论孩子的语言表达是否清晰、有条理，都要耐心地倾听孩子的表达，倾听过程中，时不时点头微笑，让孩子感受到肯定和鼓励。

语言不仅能促进沟通，更能感染人，如果孩子能够拥有很好的口才，无论是能言善辩，妙语连珠，还是机智风趣，谈吐幽默，对于将来适应社会都有着很好的促进作用。会说话的人，别人乐意与之交往、与之亲近、与之为友。愿每一位父母持之以恒地抓住生活中的点滴机会，训练孩子的口才，使孩子变得能说善讲。

孩子的爱心是一点一滴培养的

生活中，有很多父母抱怨，自己对孩子疼爱有加，而在别人需要孩子关爱的时候他们却表现得自私自利，不懂得关心父母、关爱他人。虽然如今的很多孩子都是独生子女，生活中缺少了一些分享的机会，但是孩子并不是生来就缺少爱心的，这与相当一部分家长在教育过程中对爱心教育的不重视有关。正是由于父母对孩子的溺爱以及不正确的教育方式等，把孩子的爱心在不经意间给抹杀了。

周末，小明和妈妈一起去逛超市，回来时买了不少东西，装了两大购物袋。

小明见状，主动说："妈，这么沉，我都您提一个吧？"

妈妈连忙推辞："这么重，你哪里提得动？你那是弹钢琴的手，可得好好保护！妈妈提得动！"

虽然妈妈这样说，可是小明看着妈妈的样子，还是气恼，觉得没帮上忙。

回到家，小明赶紧给妈妈倒了一杯水，妈妈说："累着了吧，来快喝！"结果这杯水还是小明自己喝掉了。

过了一会儿，小明边看电视边吃着妈妈削好的苹果，看妈妈在干家务，累得满头大汗，就对妈妈说："妈，歇会儿吧，您也吃个苹果。"

妈妈说:"我不累,你吃吧。"

小明很失望,觉得自己的爱心是多余的,父母并不需要自己的爱。渐渐地,小明就不再主动地表现出自己的爱心了,对别人的所需也视而不见,因为被拒绝的滋味不好受。

其实妈妈的做法是不妥的,她只懂得付出爱,却没有接受小明的爱,就在这充满爱的拒绝中,她把孩子的爱心扼杀在萌芽之中,让孩子认为父母不需要他们的爱。有时候,父母出于溺爱,或者由于工作忙等其他原因,对孩子表现出来的爱心或视而不见,或训斥一番,这其实都不利于孩子爱心的培养。家长们应谨慎、小心地保护孩子最初的爱心。当孩子主动表达爱时,家长应该欣然接受,给予孩子付出爱心的机会。家长们一定不要忘了,爱是一种双向的情感交流,孩子在接受爱的同时,也希望去爱别人,从而得到情感上的满足。

如今很多孩子都是独生子女,在家长的骄纵下有不少得了"公主病"、"王子病"。这样的孩子会觉得,大家都应该爱他,为他服务是理所当然的,这就在无形中剥夺了孩子学习爱别人的机会。其实爱的给予与获得是相互的,如果让孩子只是接受别人的爱,渐渐地,他们就丧失了给予爱的能力,只知道索取,不知道给予。这对孩子心理的成长以及与他人的和谐交往都是非常不利的。对别人表达爱心,其实也是一种设身处地为他人着想、换位思考的能力,而具有这样的能力的人是受欢迎的人。

为了不让孩子的爱心枯竭、泯灭,父母不仅要爱孩子,更重要的是让孩子学会去爱。有人说:"孩子的爱心是稚嫩的,你在乎它,它就会长大;你忽视它,它就会枯萎;你打击它,它就会死去。如果你想拥有一个富有爱心的孩子,那就请你在生活中培养它、呵护它吧。"

生活中有许多琐碎的小事，看起来微不足道，却会对孩子的成长产生很重要的影响。家长应学会抓住契机，因势利导，从一点一滴做起，耐心地教育孩子从小要有爱心，激发孩子爱的情感。例如，引导孩子多与朋友、家人分享食物，分享快乐，分享一切的学习机会；教育孩子要同情有困难的人，学会主动地关心、帮助别人，比如，公交车上主动让座，地震后主动献爱心等；还可以引导孩子积极参加社会组织的公益爱心活动，捐出自己的零用钱或制作礼物送给需要帮助的人，感受关心、帮助别人的快乐。

大家可能都还记得有这样一则公益广告：一个小男孩看到劳累了一天的妈妈下班回家后，给姥姥洗脚，于是，他也打来一盆水，端到妈妈跟前，轻轻地说了句："妈妈，洗脚。"这不仅让其中疲惫不堪的妈妈倍感欣慰，也让电视机前许多父母感叹不已。榜样的力量是无穷的，父母的言传身教会影响孩子今后的人生态度，所以，家长们一定要注意为孩子树立关爱他人的好榜样。在日常生活中孩子耳濡目染父母的一言一行，加以效仿，也会养成关爱他人的品行。比如，下雨天碰上没带伞的路人，如果顺路可以替别人遮一程；路不好走，碰上腿脚不方便的人或者年老体弱的人可以搀扶一把。虽然这些是小事，但是父母做了，孩子也会效仿，无形之中就培养了他的爱心。

一次，小伟和妈妈一起路过市中心的地下通道。有一个有残疾的老爷爷安静地坐在那里拉着二胡，面前放着一个小碗，碗里还有些硬币。

妈妈立即上前往老人家的碗里放了十元钱，笑着说："老人家，您拉的二胡很动人！"

老人家也微笑着点了点头，以示谢意。

走出地下通道，妈妈对小伟说："孩子，以后看着这样可怜的老人家，能帮助就帮助一下，你看他们多不容易啊!"

小伟懂事地点了点头，觉得自己也应该像妈妈一样做个有爱心的人。

就这样，后来只要遇到这样的情况，小伟都会慷慨解囊，虽然钱不多，但代表了他的一份爱心。好多次，同行的朋友看到了都对他赞不绝口，觉得这个朋友值得交。

爱心还需要在行动中践行。家长不妨尽可能多地为孩子创造与人交往的机会，在交往中引导孩子学会关爱他人，将孩子的爱心落实到实处。家长可以告诉孩子在与同伴交往时，要考虑到他人的利益和需要，这样才能受到大家的欢迎，结交更多的朋友。如果有条件的话，可以支持孩子养一只或几只可爱的小动物，这对培养孩子的爱心也是有好处的。

冰心曾说："有了爱就有了一切。"孩子只有学会了怎样爱自己、爱父母、爱亲人、爱社会、爱自然，才能够赢得更多人的关爱和欢迎，他在这个世界上才会活得充实、有意义。爱是人类最美丽的语言，从现在开始，让爱深深地扎根在孩子的心田吧!

守信，从小事开始做起

孔子曰："自古皆有死，民无信不立。"坚守信用自古以来就是中华民族的传统美德，也是做人的基本准则，它对孩子的成长和成功都有着极其重要的意义，一个守信用的人能赢得他人的尊重和信任。然而，如今很多人的信用观念已经被繁忙的生活所消磨了。您是否常常借朋友钱不还？您是否曾向孩子夸下海口却又食言？为人父母者，更应该反观自身，因为这些不守信的言行在无形中影响着孩子。

周末，爸妈要带小霞去朋友家做客，父母都穿戴整齐准备出发了，只有小霞仍然坐在钢琴前面不停地弹琴。

妈妈喊道："小霞，我们快走吧，不然会迟到的！"

小霞看了看妈妈，说："今天我不能去阿姨家了。"

"为什么不能去，女儿？"妈妈问道。

"妈，小珍今天来我们家，我昨天答应了要教她弹钢琴的。"小霞回答。

"我还以为是什么重要的事呢！下次再教她吧！"爸爸说。

"啊？这样可以吗？"小霞疑惑地问道。

"没关系的，你打个电话告诉小珍一声，说明天再教她吧。"妈妈出了个主意。

打完电话，小霞告诉妈妈："小珍虽然答应了，但是听得出来她很失望！"

"没关系的，小孩子哪有那么当真的？过两天她就忘记这事情了。"妈妈说。

可是，第二天，妈妈却见小霞一个人在家里，便问："你的朋友小珍呢？"

"小珍没有来，说自己不想学钢琴了。"小霞郁闷地回答，她觉得是自己伤害了小珍，可是妈妈却并没有把这事放在心上，觉得就是小孩子闹别扭了。

"与朋友交，言而有信。"这是古人教给今人的处世之道，只可惜小霞的父母却并没有正确地引导小霞坚守与朋友的约定，使得她失信于人，影响了朋友之间的友谊。答应朋友的事情要尽力去做，与朋友的约定要尽力去遵守，这是父母应该告诉孩子的道理。

子曰："人而无信，不知其可也。"守信用一种优秀的品质，也是一个人宝贵的财富。父母要使孩子认识到守信是一种优良的品德，失信是不道德的行为。在日常生活中，父母要时时告诉孩子，承诺别人的事情要尽力去做，总是食言的人是得不到别人信任的。比如与朋友的约定要遵守，借朋友的东西要按时归还，许给父母的承诺要努力做到等。守信，要从身边的小事做起。

当然，孩子还需要明白的是，如果经过再三努力仍没有做到，也不必要过分自责，只要诚恳地说明原因，表示歉意，相信朋友是可以谅解的。父母可以教育孩子，在答应别人之前，要慎重考虑自己有没有能力和把握做到，对不能做到的，就不要轻易答应；对比较有把握做到的，也应留有余地，不要大包大揽，这样会避免失信于人。

生活中，有些父母为了敦促孩子做事，会轻易地许诺孩子某些条件，比如"写完作业陪你去看电影"、"成绩提高了有奖励"等，但是事后父母却将这些许诺抛之脑后。孩子的希望落空了，明白不信守承诺是被允许的，久而久之在父母的耳濡目染下，孩子也就会养成不讲信用的坏习惯。父母是孩子最好的老师，孩子往往会以自己亲眼所见的事实作为学习、模仿的范例。因而，父母平时应格外注重自己的言行，做到言行一致，如果父母言行不一，说话不算话，孩子就会受到暗示，跟着模仿。例如，父母如果答应了孩子星期天带他到公园玩，就一定要去。如果临时有事，也要先考虑事情重不重要，若不重要，就要坚守诺言；如果事情确实比较重要，一定要向孩子说明情况，并争取以后补上去公园的活动。而且，应该尽量避免这种推迟或失约的事情再次发生，这样才能取信于孩子。

一件小事，折射出的是一个人的品德。守信这种品质，是人人都应该具备的。为人父母者更应该身体力行，为孩子树立榜样，将信用教育贯穿到日常生活点点滴滴的小事中。另外，当孩子表现得诚实守信用时，父母也要及时鼓励孩子。

作家马尔克斯曾经说过："守信是一项财宝，不应该随意虚掷。"在生活中，我们每个人都应当努力珍惜这份财富，守承诺，不撒谎，不欺骗。一个人，无论你是普通或是高贵，无论你是声名显赫还是平平凡凡，只要你内心诚实，信守承诺，善待父母，善待朋友，同样值得人们尊敬。做人从守信开始，从自己做起，从身边的小事做起，家长们，和孩子一起努力吧！

第六章
慢教，让孩子
爱上学习这件事

　　学习是孩子人生的大事，在很大程度上决定着孩子的未来。但在很多孩子看来，学习却是一件枯燥的事情，有些孩子还存在着偏科、厌学等各种问题。面对这种情况，呵护孩子的学习热情，激发孩子的学习兴趣，让孩子真正爱上学习，自主学习，就是为人父母的责任。只要家长们能够将眼光放长远，不压迫，少期待，帮助孩子找到正确的学习方法，相信让孩子爱上学习将是水到渠成的事。

不以分数压迫孩子

一直以来，孩子的学习成绩都是父母关注的焦点，家长们总会不自觉地盯住孩子每一次的考试成绩。在有些父母看来，100分才是好样的，才是令人满意的，他们以分数决定对孩子的看法，评价孩子的一切。孩子考试取得高分，那就皆大欢喜，若是考得不好，只会招来批评打骂，其实这样只重结果不重过程的做法是不可取的，分数不是一个人的全部，因而毫无理由把分数与一个人画上等号。这样把学习变得功利，最终受害的还是孩子。

　　小东的爸爸对他寄予很大的厚望，每次考试下来都很关心小东考得如何。

　　这天，期末考试成绩下来了，小东兴冲冲地对来接他的爸爸说："我数学考了90分！"

　　爸爸马上问别人考了多少，听到人家考了100分，开始有些不满，"人家都能考100分，你就考这么点儿还这么高兴啊？"小东原本兴奋的神情一下子消失得无影无踪，一脸委屈与沮丧。

　　回到家里，爸爸接着问："考试前你不是说好好复习了吗？怎么没拿满分呢？"

小东很害怕，小声地回答："我真的复习了，可是我复习的都没有考到。"

"你就编吧，我看你是想挨打！"爸爸根本不听他的解释。

小东哭着喊："我真的复习了，我没有撒谎！"可是爸爸根本不信。

小东的哭声惊动了邻居，很多人都跑来看怎么回事。小东又羞又恼，恨不得找一条地缝钻下去。

从此以后，小东很绝望，越来越不喜欢学习了。他心想："反正在爸爸的心目中我已经是一个不爱学习的孩子了，不如干脆就不学了。"

小东考得了不错的成绩，本想得到爸爸的鼓励和夸奖，不承想爸爸给他浇了一盆冷水。在爸爸心中，满分才是令人满意的成绩，但这明显不符合小东的个人能力。这时候，他需要的是父母的鼓励和表扬，而不是对比和批评，这样只会引起对学习厌倦的情绪。

有一位哲学家说："现代生活最突出的一个心理特征是，许多为实现目的而采取的手段及活动，已越来越篡夺了目的的地位，而目的本身却成为模糊的、非真实的存在……我们已陷落在手段之网中，经常忘记了我们的目的。"孩子的学习也是一样，分数永远只是个考查孩子学习情况的形式和手段，当父母只关注孩子的分数，忽略了学习方法、学习过程，就很难发现孩子的能力和品格是不是得到了提高，而这才是学习的根本。

成绩固然是考查孩子在校学习情况的一个重要指标，但并不是唯一的指标。因此，家长们在对待分数的态度上要慎重，如果您把分数当成判断孩子优劣的唯一标准，分数高就一好百好，分数低就批评打骂，这样做，会把孩子的目光也引向分数，使孩子过度关注自己的分数。心理学研究表明，在学习上，成功动机过强或过弱都是对学习不利的。过度追求分数，会使孩子形成畸形学习动机，变得目光短浅，急功近利，反而降低学习兴趣，影响考试成绩。同时在家长对分数的高要求之下，如果孩子没有考高分，还会增加孩子的失落感与内疚感，这对孩子的学习也是不利的。

分数对孩子固然重要，但是分数却并不能衡量孩子生活的全部。曾有一个数学家在少年时学习成绩平平，甚至有时老师讲的课程还不能当堂吸收，需要课后重复学习。但他后来通过自己的努力最终成为一代数学大师。这就启发父母，不要因为成绩不好而否定孩子的一切。孩子成绩不好的时候，要看到这仅是孩子的部分表现，还应该关注孩子多方面的成长，如孩子动手能力很强、为人处世礼貌周到、做事很认真、很爱帮助人等，并对孩子的努力给予肯定。苏霍姆林斯基告诉教育者："不要让上课、评分成为人的精神生活的唯一的、吞没一切的活动领域。如果一个人只是在分数上表现自己，那么就可以毫不夸张地说，他等于根本没有表现自己，而我们的教育者，在人的这种片面表现的情况下，就根本算不得是教育者——我们只看到一片花瓣，而没有看到整个花朵。"在如今的社会，三百六十行，行行出状元，父母要根据孩子的才能和兴趣对其进行合理的培养，而不只是纠结于分数。

小玲一向天真活泼，这次由于考试没考好，回到家里，一脸的沮丧，父母看见女儿这个样子，当然感到大事不妙。

其实，他们也很想知道小玲这次考试到底考成了什么样，但是为了不给女儿增加心理负担，夫妻俩决定先不问孩子的成绩，而是装出不在意的样子说："今天有电视文艺晚会，一块儿看看吧？"

看电视时，爸爸安慰女儿说："没事，八十多分也很好，下次再接再厉。而且，这段时间你不是得了一个校园优秀歌手的奖项吗？这也是成绩嘛！"

晚饭后，爸爸给女儿削了个苹果，然后对她说："其实，爸爸上学的时候考试成绩也并不特别出色，但大学时候常常参加各种社团活动，为此还常常拿奖学金。我总觉得，考试成绩好是一方面，但是也不能忽略其他方面的成绩嘛！"

小玲觉得爸爸太理解她了，心里轻松了很多。

"明天晚上，爸爸和你一起分析一下这次考试失败的原因，然后制订一个下一阶段的学习计划，好吗？"女儿点着头，脸上露出了笑容。

有些父母有满分情结，常常许诺孩子考出满分后的种种奖励，不能说这样的行为没有激励作用，但很多孩子都反映，父母这样做其实无形中给他们施加了更多的压力，他们更害怕不能如父母的愿，看到父母失望的眼神。家长都需要有一双开放的眼睛，既要注意孩子的学习成绩，又不要死盯住孩子的学习成绩，从裁决者的角色上退下来，设法成为孩子的参谋、朋友，平等地与孩子进行交流、为孩子出谋划策，孩子的学习潜力就会慢慢地爆发出来。即使孩子的成绩变差了，父母也要忍住一时气愤，不要上来就训斥孩子，应该调整好心态，帮孩子分析原因，给孩子最大的宽容和鼓励，让孩子在父母的宽容中找到安慰和继续努力的力量。

分数只是检验孩子学习情况的一种手段，分数可以反映知识，但分数不等于知识，它不能证明孩子真正学到了多少知识，如果父母从孩子一上学就只是着眼于每次考试得了多少分，而没有培养起孩子对学习本身的兴趣，那么"优秀成绩"注定只是一时的梦幻彩虹，让父母最终失望。希望父母们能够将眼光放长远，注重孩子学习兴趣、学习方法的培养，那么孩子成绩提高也是水到渠成的事。

有的放矢应对孩子偏科

在学习的过程中，很多孩子存在偏科的现象，父母和孩子都十分苦恼。一门功课跟不上会对整体的成绩造成不小的影响，严重的话，还会直接影响孩子的升学。所以学习偏科是一件令孩子和家长都感到头疼的事。对于孩子偏科，有些父母并不以为然，反而在孩子的强项方面加大培养力度，刻意培养一个专才、奇才，其实这并不利于孩子的全面发展。

雯雯升高三了，面对马上要到来的高考，心里有点儿茫然，因为雯雯偏科很严重，她的语文和英语成绩不错，可是数学很差，总是会把总分拉下来。雯雯为此很苦恼，可是妈妈却很乐观。

"妈妈，我这次数学又没有考好啊。"雯雯不开心地向妈妈汇报考试成绩。

"哦，那语文、英语，还有综合，考得怎么样啊？"妈妈比较关心雯雯擅长的科目。

"嗯，都考得还不错！"雯雯回答。

"那就好嘛。其他几科考得高一些，就能把总分提起来了。再说，数学短时间内估计也提高不了多少，你还不如多看看语文、英语，争取考个满分！"妈妈说。

听妈妈这么说，雯雯对数学更加失去了信心，就准备放弃了，全力复习语文和英语。最终，在高考中，雯雯如愿以偿地拿到了语文和英语的高分，但是却因为数学拉分太多，总分数只达到了国家二本分数线。

因为偏科，雯雯最终与好大学失之交臂，这是很可惜的。相信很多孩子都存在偏科的问题，但问题的关键并不是偏科本身，而是应该如何对待偏科。雯雯妈妈的做法就值得家长们深思，对待孩子偏科，如果家长妄图以强代弱，对弱科置之不理，这其实并不是真正地帮孩子。雯雯最终因为数学成绩太差而错失好大学，由此可见错误应对偏科的教育方式的后果。

生活中，人们常提到一个木桶原理。这个原理是说：一个盛水的木桶是由许多块长短不一的木板箍成的，这个木桶盛水量的多少，并不取决于桶壁上最长的那块木板，而恰恰取决于最短的那块木板。这个原理也叫"短板效应"。其实孩子的各科成绩就好比组成一个木桶的木板，较弱的那一科，也就是孩子的短板，对孩子的总成绩起着举足轻重的作用，所以偏科更应该引起孩子和家长的重视，从而有针对性地强化弱科，巩固强科，才能提高总体的成绩，让孩子全面发展。

对于孩子偏科的问题，首先，父母应该让孩子认识到全面掌握知识的重要性。有的父母本身就持着"学好数理化，工作任你找"这样的观念，使得孩子也受到此等观念的影响，在高中入学之初就重视理科，轻视文科。也有的父母认为语文并不重要，孩子自学都可以的，所以引导孩子将精力多放在数学、英语上，使得孩子的偏科问题变得更严重。其实文理科是相互影响、相互促进的，只有全面掌握知识，才能符合当今社会对复合型、综合型人才的需要，这是为人父母应该明白的，更是父母应该告诉孩子的。

从心态上看，孩子越是偏科，越容易走入厌烦差科的恶性循环，所以偏科首先还是一个学习态度的问题，父母应该引导孩子端正学习态度，从不喜欢的科目中发现乐趣，激发好奇心，让孩子从小的进步中树立自信心，再攻克难题。父母还可从孩子喜欢的学科入手，让孩子了解各门学科的关联，克服对某些科目的畏难情绪。父母应该告诉孩子，社会需要的是复合型人才，综合素质才是衡量人才的最佳标准。

其次，父母要仔细分析孩子偏科的原因，找出解决的对策。如果孩子偏科是兴趣所致，那么父母可以在培养孩子的积极兴趣上多下功夫，如果孩子对某一门学科兴趣太强而无法控制，父母应引导孩子发展对其他课程的兴趣，取得综合平衡。比如孩子语文成绩不好，多半是兴趣所致，那么父母可先找一些情节性、趣味性强的文章或书籍给孩子读，以培养孩子对阅读的兴趣，让孩子爱读书，爱写作。如果孩子数学基础差，家长可以帮助孩子补课，请家教或者报辅导班都是不错的选择。许多孩子数学不好多半都是基础没打好，所以补基础是重中之重，好比盖楼房，地基不牢固，楼房就盖不高。父母要和孩子共同分析孩子真正的弱项在哪里，最弱的地方要重点补，较擅长的部分可适当地做点儿技巧题，以全面提高成绩。

亮亮很小的时候，对数字就很敏感，因而数学成绩比较出色，上高中以后数理化很优秀，但是语文和英语的成绩却总是不尽如人意。

亮亮很是苦恼。爸爸就这样鼓励他："亮亮，你这么聪明，数学这么难，你都能常常考满分，还害怕语文和英语吗？加油，就用你对待数学的热情对待语文和英语吧，老爸相信你的！"

爸爸不仅这样说，还有针对性地给亮亮买了辅导资料。他为亮亮买了不少课外阅读书，给儿子订下阅读计划，激发他对语文的兴趣。同时，爸爸还买了英语磁带，并且经常和亮亮一起看英语原版的电影。

在亮亮和爸爸的共同努力下，亮亮的语文和英语成绩提高了不少。

最后，父母适时、恰当的鼓励，也是孩子克服偏科的动力。在偏科上有了变化和进步，父母经常地表扬孩子，就会让孩子慢慢喜欢所偏科目。

偏科并不可怕，可怕的是认同偏科，或者不作出改变，有偏科现象的孩子，父母应该针对具体情况具体分析，正确引导，对症下药，使孩子认识到自己的"短板"，在发展其长处的同时，兼顾弱项。父母一定要有耐心，不能轻言放弃孩子，如果父母能够持之以恒，有的放矢，做好以上几点，相信你的孩子一定能克服偏科。

怎样呵护孩子的学习热情

有很多孩子，其实很聪明，但就是对学习提不起兴趣，学习成绩很糟糕。也有些孩子原本学习成绩还不错，后来逐渐对学习没有了兴趣和热情，还总抱怨作业多。为此，家长们特别苦恼，苦口婆心地劝导，甚至批评责骂都试过了，也不见效果。那怎样才能呵护孩子的学习热情，让孩子爱上学习呢？

"妈，我想看一会儿电视再写作业，行不行？"

"作业重要还是电视重要啊？作业没写完你还想看电视啊？先写完作业去！"

"妈，这道数学题我不会做。"

忙着上网的妈妈说："先做你会做的，不会做先放着吧，老师课堂上会讲的。"

"妈，为什么你能上网，却总是不让我上网啊？"

"别废话，你怎么这么多事啊？妈妈说了不能上就是不能上！认真写你的作业！"

这是小俊和妈妈之间常有的对话。妈妈总是忙着自己的事情，对小俊的学习漠不关心。遇到不会写的题目，也没有人帮他解答，因此小俊有很多次课后作业没有完成，受到了老师的点名批评。渐渐地，小俊的学习成绩下降了，也不爱学习了。

故事中小俊妈妈的教育方法是很值得父母反思的。当孩子向你提问时，你是否只忙着自己的事情而不予理睬，或是粗暴地回绝了他们？当孩子正在专心学习或做事时，你是否不管不顾地打断他，催促他干别的？这其实正是在打击着孩子的学习热情。

兴趣是最好的老师，更具有精神上的鼓舞作用。当孩子对学习的内容产生了兴趣，那么学习就容易转化成孩子自觉的行为。家长要尊重孩子，关注孩子，认真对待孩子的每一个"为什么"，从而去呵护、激发孩子的学习兴趣，让孩子自己从内心里喜欢学习，有强烈的好学上进的欲望。所以，如果孩子再有了疑问来问你，回绝是不对的，作为父母，你只有耐心地解答孩子的疑问，才能呵护孩子问问题的好奇心，才能激发孩子克服困难、攻克难题的学习热情。

有时候，学习就像一次航行，是兴趣让孩子登上了航船，但是一艘没有方向和目标的船却是很难到达目的地的。所以，家长应当帮孩子确立目标，让孩子有学习的方向和欲望。目标根据孩子的实际情况，可大可小，重点是能够让孩子在一次次实现目标的过程中增强信心。目标是一帖强有力的激励剂，它可以增强孩子学习的信心，给他们奋斗的力量，使他们的意志更坚强。有的父母反映孩子不愿意学习，其实，孩子之所以不愿意学习，是孩子在长期的学习中，得不到积极的正面的鼓励，从而放弃了努力。所以，家长一开始不妨把目标定得低一点儿，让孩子能够从一次次的目标突破中获得成就感。比如，家长可以告诉孩子，多解了一道题、多考了一分都是突破，这样孩子在学习上才能不断获得成就体验，才能保持学习的热情。

孩子学习热情的呵护还离不开父母的鼓励、表扬。鼓励的语言让孩子体验到成功的快乐，教会孩子自我激励，给孩子学习热情。许多孩子觉得学习是件苦差事，学习体会不到快乐、成绩差，一个重要原因，是受到的批评和指责多于鼓励。孩子很在意别人对自己的评价，他是按照别人的评价去认识自己的，如果别人说他笨，他就会认为自己笨。一个总是失败的孩子体验不到成功的快乐，也就不爱去努力了。所以，父母要有耐心，要多帮孩子分析原因，教给孩子怎么做，而不是一味地训斥打骂，还要认真对待孩子的每一点儿进步，懂得适时表扬或奖励孩子，让孩子尝到好好学习的甜头，产生努力学习的劲头。

小杰今年上初二，上课总是注意力不集中，写作业拖拖拉拉，考试成绩不理想，对自己也没有什么要求，对于老师的批评也抱着无所谓的态度。但是小杰篮球打得特别好，也特别关注篮球比赛的信息。

记得有一次测试，小杰的成绩在班上垫底了，妈妈坐不住了，觉得再这样下去，孩子就毁了。

"小杰，你不能这样子啊，不好好学习将来怎么能有出息呢？"妈妈语重心长地说。

"妈，我打篮球呗，说不定我能成为姚明第二呢！"小杰满怀希望地说。

"是啊，你篮球打得好，这点妈妈相信。但是如果你在学习上也能多花点儿功夫，妈妈会更开心的。这样吧，妈妈和你约定，如果你能在学习上多用点儿心，下次测试提升五个名次，妈妈就带你去看姚明比赛，好不好？"

111

　　小杰动了心，想着拼一拼也无妨。就这样在妈妈的鼓励下，小杰充满了干劲。妈妈还给小杰请了家教，制订了学习计划，并且时不时地鼓励他。就这样，小杰的成绩渐渐有了起色。

　　最后，父母也不能剥夺孩子玩的权利。当孩子开始抱怨作业多，有的父母就会强迫孩子学习，也有的父母给孩子报了各种辅导班，挤掉了孩子玩耍的时间。玩是孩子的天性，缺少娱乐的生活注定是不快乐的，当孩子整天为学习所困，愁眉不展，恐怕学习的热情早已磨灭了。所以，父母在课余应该给孩子一些自由支配的时间，让孩子尽情地玩耍，让孩子在学与玩的过程中充满快乐，这样能最大限度地调动积极情绪，获得新的动力。当然对于比较贪玩的孩子，父母要给孩子限定玩的时间，或者可以引导他先做作业再玩。

　　如今，升学的压力越来越大，孩子的学业也越来越繁重，如果再没有了学习热情，那么孩子只能"学海无涯苦作舟"了。求知的路本就漫长而枯燥，那么父母何不好好呵护孩子的学习热情，让孩子在快乐中学习呢？有人说："追求知识是需要激情的，甚至是狂热的激情。没有这点，就很难培养出科学家，很难有创造和发明出现。"所以，家长们，请呵护孩子的学习热情吧！

帮助孩子制订可行的学习计划

古语有云"凡事豫则立，不豫则废"，好的计划是成功的基础。对孩子来说，学习不是一蹴而就的事情，而是一场持久战，所以制订计划是非常必要的，一个切实可行的学习计划是孩子行动的蓝图，是促进学习进步的金钥匙。现实中有不少孩子在学习上毫无计划，"脚踩西瓜皮，滑到哪里算哪里"，这是很不好的。而有些父母也忽视了为孩子制订计划，认为学校有教育计划，老师有教学计划，跟着老师走，按照老师的要求做就行了，孩子没必要自己再订计划，也有些父母虽然制订了计划，但却不合理，这都是不利于孩子学习的。

琳琳今年上初二，虽然头脑聪明，但是学习没有长久性，常常三天打鱼，两天晒网，妈妈为她制订了不少学习计划，但是她的学习成绩却一直不太理想。

一天，妈妈下班回家看到琳琳竟然趴在桌上呼呼大睡，就生气地叫醒了她："你怎么在睡觉，今天的任务完成啦？"

琳琳揉了揉困乏的眼睛说："还没有呢，可是妈，我太累了，不知不觉就睡着了。"

"偷懒就是偷懒，还找借口啊？"妈妈说。

"妈，我真没有偷懒，是作业太多了！"琳琳极力为自己辩解。
"好了，好了，不跟你争了，快写作业吧，不然更写不完了。"妈妈
不耐烦了。

事后，妈妈也反思着：这计划是制订了，可是也不见有什么效果
啊。难道是制订的学习计划太满了？

何谓好心办坏事，琳琳妈妈的做法即是如此。琳琳妈妈为女儿制订了
学习计划，本想促进孩子学习，结果却将女儿累趴下了。可见，学习没有
计划是不行的，但是制订的学习计划不可行，更是不利于孩子学习。

高尔基说："不知明天该做什么的人是不幸的。"没有切实可行的学
习计划，孩子也就不清楚什么时候该做什么，也不知道自己的埋头苦读对
于整个学习生涯有什么帮助，慢慢地，他们就会丧失学习的兴趣。作为父
母，协助孩子制订一个切实可行的学习计划，就能很大程度上改变孩子的
这种状况。

每个孩子都是独立的个体，所以计划的制订应该从孩子的实际情况
出发，适合孩子个人的能力和特点。父母要多观察、了解孩子，和孩子共
同制订一个科学的学习计划。在协助孩子制订计划时，父母要避免从个人
的好恶出发，应该以孩子的学习、生活习惯和能力水平为立足点，切忌目
标任务订得过高，否则不仅难以执行，而且容易引起孩子的挫败感和自卑
感。同时，计划最好结合每天的学习内容，这样才能保证计划得到良好的
执行。对那些孩子感到学起来比较吃力的学科，可以多分配一些时间，而
对孩子学习起来比较轻松的，则可以相对少用些时间。

原则上，计划一旦订好之后，就尽可能不要变动。但是，俗话说得
好，计划赶不上变化。实际生活千变万化，当孩子实际情况发生了变化，

家长应根据需要及时帮孩子调整计划。例如，某天孩子因参加运动会觉得身体非常疲倦，那就应该及时改变计划早早休息。如果单纯为了执行计划，而硬要孩子一边打盹儿一边坚持在规定的时间里学习，或是不解完十道题目就不睡觉，那就无异于削足适履了。所以，为了保证孩子学习计划的顺利实施，学习计划要有灵活性，要留有余地，不要订得太死、太紧，最好可以长计划和短计划相结合，长远计划不要订得太具体，而短期的学习计划应该订得具体一些，而且，在孩子执行计划时，父母要经常检查一下他的学习效果，以便及时发现计划的不合理，进行调整，从而使计划更加切实可行。

当然，学习只是一天生活中的一个方面，其他活动对学习都有一定的影响，所以，在制订学习计划时，父母必须全面考虑，要把一天中的全部活动都纳入到计划中来，要使学习与其他活动协调起来，这样才能调节大脑的紧张状态。过长时间集中注意力会导致学习效果的下降，也容易让孩子丧失对学习的兴趣，因此，学习计划不能安排过满，一定要留出一点儿自由时间，让孩子自由娱乐或者休息放松一下。有张有弛，这样才能保证良好的学习状态，让孩子时刻都拥有充足的精力投入学习。比如，除了学习以外，还要安排好锻炼身体的时间、休息的时间、娱乐的时间等，这样才能使孩子的学习生活丰富多彩。

瑶瑶是个初一年级的女孩，学习成绩也挺优秀，只是自制力稍微差点儿，生活和学习习惯很混乱。

妈妈见状，就提醒她说："你应该制订一个学习计划，这样每天就知道自己什么时间该干什么事情了。你也不用有时候玩疯了，有时候忙疯了，搞得生活乱糟糟的了，对不对？"瑶瑶听了之后，认真地点了点头。

于是，妈妈就打电话向老师询问她在学校的各种表现，了解了她的学习情况后，根据她的生活习惯，与瑶瑶一起制订出了一个学习计划。

何时写作业，何时休息，学习计划里都给出了合理的安排。在瑶瑶学习状态较好的时候，学习任务制订得较为紧凑，以便将知识学得更深、更透，而且妈妈还给瑶瑶留出了自由活动时间，规定她每完成一个科目的作业都可以去阳台透透气，休息十分钟，以保持良好的学习状态。

妈妈的用心良苦使得瑶瑶的学习计划张弛有度、切实可行，因此瑶瑶学习起来很轻松，成绩也更进步了。

制订了学习计划以后，孩子能不能很好地执行是关键。孩子缺乏坚韧的意志力，一遇到困难便很容易放弃自己的学习计划，因此，父母应该时刻监督孩子学习计划的执行情况。对于孩子在执行学习计划过程中出现的问题，父母应该及时向孩子提出来，并且给他们提一些可行的建议。如果孩子在执行过程中出现懈怠情况，父母应该及时鼓励他们坚持下去。

学习就像一场马拉松比赛，意志和体力固然重要，但更重要的是如何规划、整体布局，每一段路程都同样重要。所以，父母应该根据自己孩子的学习情况制订具体的个人学习计划，为孩子构建知识大厦的蓝图，明确地告诉孩子每天每个时间段具体应该做什么事情，有了计划，只要一步一个脚印走下去，一定能收到很好的学习效果。

孩子学习注意力需要逐步提高

现在的孩子很多都存在注意力不集中的问题，在学校不好好听课，在家不能很好地完成作业，为此父母都很苦恼。因此，父母看到孩子做作业慢，磨时间，就会很生气，甚至会去指责、打骂孩子，有的时候还会从道德这个层面去谴责孩子，认为他不是好孩子，这种看法是不对的。

周末，佳佳在家认真地写作业。

爸爸过来了，问："你妈妈去哪儿了？"

"没看着。"佳佳回了一声，接着做题了。

"写了这么久都没有喝水，快去喝点儿果汁吧！"奶奶心疼地说。

佳佳怕辜负了奶奶一片爱心，本不渴但还是倒了一杯果汁。

中午，妈妈回来了，看佳佳还在写作业呢，就不高兴了："你又偷懒了是不是，怎么还没写完哪？"

"没有啊，你看我不是正认真在写吗？"佳佳一脸委屈。

"你这样一会儿喝果汁，一会儿上洗手间，哪能集中精神？妈妈陪着你写。"说完，妈妈就坐在佳佳旁边了。

佳佳心里可不高兴了："妈妈就知道冤枉我，批评我，我怎么没

117

好好写了？"

　　这样一坐就是两个小时，几次想休息一下，都让妈妈给挡回来了，说佳佳不用功。佳佳心里恼着妈妈，注意力更集中不了了。就这样，佳佳把作业做完的时候，已经累得不行了，脑袋昏沉沉的，眼睛也很乏。

　　为了监督佳佳写作业，妈妈一守就是两个小时。可是陪的结果是什么呢？佳佳获得的不是写完作业的如释重负，而是极大的痛苦。如果妈妈能够理解女儿，少一点儿批评，多一点儿宽容和耐心，相信写作业对于佳佳来说，是不至于如此痛苦的。

　　你可以想象，如果一个孩子的注意力不集中，那么他听课时注意力就容易转移到别处，看书时，他也无法安静下来把一篇文章看完，坐在那里总会不停地动来动去，学习效果肯定不佳。读书学习是一项艰苦而漫长的活动，只有注意力集中了，全身心地投入学习，才能达到高的学习效率。比如说别人能每天坚持学习五个小时，而你能每天坚持学习八个小时，别人不能专心去做的事情你能专心认真地去做，你成功的机会就会比别人大得多。尤其是青少年，只有善于克制自己，把精力投入到学习中去，才有成功的希望。

　　首先，父母应该教育孩子，让他认识到专心的重要性。同时，家长要在平时注意培养孩子的自制力，孩子有了一定的自我控制能力，就能够在一定程度上克服分心现象。在日常生活中，父母可以要求孩子在一段时间内专注于一件事，不要一会儿做这，一会儿做那；看书、写作业时要保持正确姿势，不乱动，不乱摸。当孩子形成了心理定向，即在习惯了的时间和地点坐下来时，精神便可以条件反射似的集中起来，就可以很好地学习了。

其次，环境对孩子的注意力有明显的影响，如果孩子正在专注于某件事，突然被其他声音打扰，极易分散孩子的注意力，干扰他们正在进行的活动，所以父母要注意为孩子营造安静、舒适的学习环境。在有的家庭，父母之间因为孩子的问题经常拌嘴，经常吵架，抱怨孩子，甚至打骂孩子，在这样的家庭气氛中，孩子的注意力就会更加不集中，因而创造温馨、和谐的家庭气氛对孩子也很重要。如果有条件的话，住房尽量远离喧闹、空气污染的地方，尽量保持孩子学习环境的安静、简洁，不要有过多的张贴等装饰，以减少学习环境中不良因素给孩子带来的干扰刺激。

有研究显示，12岁以上的孩子能聚精会神地注意某一事物的时间是30分钟左右。家长要掌握孩子的注意力特点，科学合理地安排学习时间，注意让孩子在学习中劳逸结合、张弛有度，这样才不会打击孩子学习的积极性。如果大脑没有得到很好的休息，那么孩子是无法安静下来学习的。所以，有些父母不允许孩子中途休息，长时间地让其做作业，甚至坐在孩子的旁边监督，还唠叨不停，就容易使孩子产生抵触心理，从而导致注意力不能集中。如果孩子的作业过多，超过了孩子注意力集中的时间，父母应给孩子安排合理的时间，让孩子一部分一部分地来完成，让孩子在张弛有度的节奏中完成作业或学习任务，这样有利于孩子集中注意力，提高其学习效率。

玩是孩子的天性，亦是孩子最爱的活动，它能激发孩子的兴趣，而且孩子在游戏中，其注意力集中程度和稳定性较强。所以，父母应该给孩子一定的游戏时间，在游戏中培养孩子的注意力。家长可以根据孩子的学习任务有针对地制订计划，并结合孩子的喜好安排游戏内容和时间，让孩子明确只有认真完成作业才可以去玩耍。这样有了明确的任务，孩子学习时就能保持紧张状态，才有动力。

另外，当孩子表现好，注意力能高度集中，或者在学习上取得一定成绩时，父母应及时地加以鼓励和表扬，以激励孩子继续努力。当孩子出现学习分心的现象时，父母也不要过分地指责，相对于粗暴地批评，在鼓励中教育孩子往往更有效。

孩子注意力的改善是一项漫长而反复的工程，不是说父母骂孩子一顿，打孩子一顿，孩子就改善了。父母需要树立长期作战的思想，如果父母对自己的孩子充满信心，有锲而不舍的精神，一步一步地帮助和监督孩子，其实提高孩子的注意力并不难。俄国教育家乌申斯基说过，"注意是心灵的天窗"，只有打开注意力的这扇窗户，智慧的阳光才能洒满心田。

第七章
慢养好习惯，
改掉坏习惯

　　正如培根所说，"习惯真是一种顽强而巨大的力量，它可以主宰人生"。习惯，无论好坏，都对孩子的未来有着巨大的影响。好习惯助人成功，坏习惯阻碍进步。好习惯的养成不是一蹴而就的，贵在坚持；坏习惯的改正也不是一朝一夕的事情，更需要坚持和毅力。要想孩子从小养成良好的习惯，家长需要从小处着眼，从细节入手，耐心等待孩子，帮助孩子慢养好习惯，改掉坏习惯。

好习惯，从第一次开始

我国古代伟大的教育家孔子曾说"少成若性，习惯之为常"，说的是一个人若是从小培养良好的习惯，久而久之习惯就会和天性一样自然。好的开端是成功的一半，好习惯会让孩子终身受益。所以，培养孩子好习惯最重要的一点，就是要重视孩子的第一次。因为习惯的养成往往是从第一次开始的，父母作为孩子的第一任老师，更应该重视并抓住每一个第一次的机会。

周末到了，小雅和妈妈约好了一起去动物园玩。母女俩约定一早八点钟就出发。可是八点钟就快到了，妈妈还在房间里忙着。

"妈，您快点啊，快到时间啦！"小雅迫不及待地催着妈妈，生怕妈妈晚了。

"就来啦，就来啦！"妈妈应声道。

过了一会儿，八点已经过了，"妈，到底还去不去啊？八点都过了呀？"小雅又一次催妈妈了。

"哎呀，你急什么嘛！我洗完这件衣服嘛！晚一点儿去又没什么关系。"妈妈说道。

"好吧，那我先去看会儿电视。"妈妈拖延了半个小时，终于忙完了，母女俩才动身前往动物园。可是这次妈妈不守时的事情，深深地影响了小雅，让她养成了不守时的习惯。

后来有一次，小雅和朋友约好去逛街，俩人约好了九点见面，可是朋友左等右等，等了一个小时，小雅才到，到了也没有表示任何歉意，朋友为此很生气。可是小雅却觉得朋友有点儿不通人情，迟到一会儿而已，没什么大不了。

习惯的养成，往往都是从第一次开始的。如果第一次的经历没有给孩子积极的影响，那么孩子就容易养成不好的习惯。妈妈和小雅约定了时间，可是妈妈却没能守时，而且妈妈也没有向小雅强调守时的重要性，导致小雅毫无守时的概念，在一定程度上影响了小雅的人际交往。

习惯是一种重复性的、通常为无意识的日常行为规律。它往往通过对某种行为的不断重复而获得，所以，第一次对孩子来说是很重要的。如果孩子第一次就表现得很好，那么就会在以后的发展中不断、自觉地强化自己的选择，从而养成好习惯就是顺理成章了。好习惯就像是走路，如果孩子选择了一条正确的道路，他就会沿着这条道路一直走下去，因此，对待孩子在学习和生活中迈出的每一个第一步，父母都应该不遗余力地严格要求，并且及时地进行引导，让孩子依照正确的标准去做，逐步培养好习惯。

当孩子在第一次处理事情的时候，家长如果严格要求，以后潜移默化，就能让孩子养成良好的习惯；相反，如果第一次的要求就马马虎虎，自然也会潜移默化，使孩子养成不良习惯。比如：想要让孩子养成饭前洗手的好习惯，父母应当注意从开始就要求孩子，久而久之，孩子就会养成良好的卫生习惯，不用父母说孩子也会在饭前主动要求洗手；孩子第一天放学回家，父母就应该告诉孩子必须养成"先完成作业再玩的习惯"等。同时，在好习惯养成的过程中，仅仅局限于说教是不行的，更重要的是父母应该通过自身的行为，为孩子树立好的榜样，让孩子认真去效仿。

小露和妈妈一块儿去超市采购生活用品，选购完毕，母女俩提着大包小包的东西，在出口排队等待付款。这时，一位妇女插到了小露前面。

小露看到这位阿姨买的东西也不多，觉得多一个人就多一个人吧，花不了多少时间，反正多一事不如少一事。

有人插队了，女儿竟然毫不在意，妈妈觉得如果不制止，说不定孩子以后就会效仿，养成插队的坏习惯。于是妈妈主动上前制止了："这位大姐，我们都排了这么久了，也请你自觉排队吧！"

那位妇女故意装作没听见，背对着小露妈妈，于是小露妈妈走到她前面，义正词严地大声说："同志，请自觉排队！"妈妈的大嗓门立即吸引了周围很多人的愤怒的目光，那位妇女终于顶不住众目睽睽的压力，自觉溜到后面排队了。

"妈妈，您真厉害！"小露崇拜地看着妈妈。

"小露，妈妈是想通过这件事告诉你，自觉排队是我们每个人都应该遵守的，你以后一定要养成自觉排队的好习惯。"小露点了点头。

小露把妈妈的话记在了心里，每当在长长的队伍后面焦急等待的时候，都会想起这次的场景，渐渐地小露就养成了自觉排队的好习惯。

孩子在青少年时期，由于心理和生理各方面的发展都还未定型，可塑性较强，比较容易训练，如果孩子在行为习惯上出现偏差，那么是比较容易矫正的，因而这一时期也被看作是矫治不良习惯的关键期。所以，一旦父母发现了孩子的一些坏习惯，那么不要迟疑，应该马上帮助孩子改正，所谓"慎始则善终"，好习惯的养成，就是从纠正第一次的坏习惯开始的。比如，许多孩子爱讲脏话，如果父母能够在孩子第一次讲的时候，就立即批评制止，那么孩子就会认识到讲脏话的错误。当然，纠正坏习惯，不是一次两次就能成功的，父母还要认真监督，发现孩子有放松的时候要及时提醒。这样日积月累，坏习惯就会改掉，好习惯就会养成。

每个父母都希望自己的孩子成为一个品德高尚的人，一个优秀的人。但是，勤劳、节俭、整洁等这些良好的习惯不是与生俱来的，是需要从小培养的。所以父母应该珍惜并抓住孩子每一个第一次的机会，督促孩子养成良好的习惯。正如一位心理学家说的："播下一个行动，你将收获一种习惯；播下一种习惯，你将收获一种性格；播下一种性格，你将收获一种命运。"好习惯将伴随孩子们的一生，并最终引导孩子走向成功，成为一个令人尊敬的人。

不良习惯要长期监督才能改掉

孩子成长过程中，不免染上一些不良习惯，例如说脏话、睡懒觉、不讲卫生、沉迷网络等。这些坏习惯简直成了父母的眼中钉，恨不能立刻将其拔掉，但可惜的是，事情往往不是那么简单。如今日益加快的生活节奏，夺去了父母很多的闲暇时间，很多父母忙于工作无暇顾及孩子，孩子的坏毛病一犯再犯，也消磨了父母的耐心，这让坏习惯的改掉更加困难。难道不良习惯真的无法根除吗？冰冻三尺非一日之寒，坏习惯的根除绝不是一蹴而就的，这需要父母的长期监督才行。

由于父母工作忙，下班晚，晓霞常常一个人在家做作业。由于没人监督，晓霞写作业很磨蹭。偶尔，爸妈看见了，会提醒她一下。

有一天，妈妈下班回家，发现女儿写作业的时候根本无法安静下来，一会儿打开冰箱看看有什么好吃的，一会儿打开电视看看节目开始了没有，不到十分钟站起来转两圈，特别磨蹭。

妈妈于是对晓霞说："我看你一个小时就站起来好多回，这么磨蹭什么时候能写完作业啊？从现在开始，以后写作业的时候不许乱跑，不然，晚上就不许看电视了。"

晓霞一愣，想不到妈妈发火了，于是就乖乖安静写作业了。

第二天，妈妈不在家，晓霞又开始乱跑了。就这样，晓霞和妈妈打起了游击，妈妈在家的时候就安分地不乱跑，不在家就随心所欲地想干什么就干什么。

到了高中，晓霞还是很磨蹭，不仅常常写作业写到很晚，而且性格也越来越慢，时间观念也不强，耽误了很多事情。

在妈妈的批评下，晓霞磨蹭的坏习惯有所收敛，但是由于父母忙，无暇时时监督她，加上个人的自制力差，晓霞的坏习惯才没得到彻底的改正。有时候，孩子就像点亮的小灯泡，需要父母时不时地擦一擦，才能持续地发亮。

习惯的养成，往往需要不断地重复某种行为，直到它内化成一种自觉的、无意识的行为。所以，对于好的习惯，父母应该鼓励孩子坚持下去，而坏习惯出现时，父母应该立即指出并帮助孩子改正，而且坏习惯也是通过潜意识表现出来的自动化的行为，青春期的孩子自制力有限，所以这就需要父母的监督。如若不然，不良的习惯就会无意识地不断重复，一旦定了型，就越发难改掉了。

心理学上普遍认为，习惯是由行为、环境、个人三者相互影响共同决定的。孩子心智不够成熟，自制力差，通常会随着自己的性子，想干什么就干什么，也没有足够的能力对自己的行为做出正确的评价，要克服偷懒、拖拉等不良习惯，光靠自己是不够的，还需要父母的监督和帮助。家庭作为环境的一部分，对孩子习惯的养成也起着重要的作用。父母的责任就是帮助孩子树立正确的是非观，监督并帮助孩子改正不良习惯，孩子将会受益终身。比如孩子饭前不爱洗手，父母就可以经常在吃饭前问问孩子"洗手了吗"，慢慢地孩子就习惯了。如果孩子忘记了，父母应该不厌其烦地提醒，直到孩子不需要提醒都可以自觉去做，那么好习惯就养成了。孩子习惯的养成，有一个由被动到主动再到自动的过程，这其中，父母的监督是很重要的。

同时，父母应当做好与孩子的不良习惯做长期斗争的准备，因为，一个坏习惯的改掉必定要经历诸多的失败和反复，父母不能因此而灰心失望，甚至改为不耐烦地责备和批评孩子。据有些专家的研究成果，改变一个习惯所需要的时间为三周到一个月，顽固的坏习惯可能需要的时间更多。因此，父母在这个过程中要更有耐心，做好孩子的督促、支持和检查工作，协助孩子加以改变。只要孩子不良行为出现的次数逐步递减，那就是好现象。

玲玲在父母眼中是一个懒孩子，房间都乱糟糟的，写字台上的书横七竖八地堆着，鞋子常常是东一只西一只的，好像很久都没收拾了。

妈妈总是提醒她整理一下房间："你的房间太乱了，真不像一个姑娘的房间！"可玲玲总是回答道："好，马上就去整理。"结果房间还是原样，一点儿都没动。

有一次，妈妈真的生气了，威胁玲玲再不收拾就把东西扔出去，吓得玲玲直做检讨，保证以后不再偷懒了，并且让妈妈监督。

从此，玲玲下定决心一定要改掉"懒"这个坏习惯，在妈妈的督促下，她坚持每天洗碗、扫地，干一些力所能及的事情，并且认真完成作业。

一年的时间过去了，"懒"这个坏习惯渐渐地从玲玲身上消失了，这就是在妈妈的督促下取得的成绩，在学校里老师也说玲玲有进步。

　　另外，父母在监督孩子时，如果只是单纯地告诉孩子说"不对！不许这样！这样是错误的"，这样光对孩子讲大道理是不行的，父母还应该告诉孩子如何做是正确的，并且在日常生活中身体力行，给孩子做好榜样。比如，孩子的用眼习惯不好，父母应该给孩子一些具体的规定：看书时眼睛距书要离开一尺，不要躺在床上看书，每天定时做眼保健操，看电视要离开至少两米远，每次上网、看电视的时间不能超过一个小时等。提出这些要求之后，父母还要认真监督，发现孩子有放松的时候要及时提醒。这样日积月累，坏习惯就会改掉。

　　美国著名教育家曼恩说："习惯像一根缆绳，我们每天给它缠上一股新索，要不了多久，它就会变得牢不可破。"无论是好习惯的养成还是坏习惯的改正，都是一条漫长的路，需要靠着意志力坚持一段时间才能够看到效果，但好习惯一旦养成，将是孩子的终生财富，受用无穷。父母要多监督孩子，多鼓励孩子，坚持就是胜利。

培养好习惯，从日常生活开始

著名心理学家林崇德教授指出："习惯是在生活过程和教育过程中形成与培养起来的。"可见，习惯的培养不是一朝一夕的事情，需要从日常生活的点滴做起。然而留心观察我们便发现，有的父母还没有充分认识到在日常生活中培养孩子习惯的重要性，他们认为"树大自然直"，其实这种"自发论"对孩子的成长是极为不利的，培养习惯应该从生活中的点滴小事做起。

星期天，妈妈开车载着小宁一起去姥姥家吃饭，路上遇到了堵车。

妈妈等得不耐烦了，将车从紧急停车道上开了过去。小宁奇怪地问："妈，为什么大家停着不动，我们却能走这边？"

妈妈说："这儿没警察，也没有摄像头，没关系的。"

小宁半信半疑地点了点头。

后来有一次，小宁和好朋友小楠一块儿过马路，碰巧遇上红灯，小楠立刻站在斑马线外等绿灯。小宁见没有车过来，拉起小楠就往马路对面走。小楠说："小宁，多危险哪，你怎么不等绿灯啊？"

"路上又没车，也没有交警执勤，没关系的。"小宁说。

就这样，小宁总是不遵守交通规则，但是幸运之神不是每次都眷顾她，在一次横穿马路的时候，她被车撞了。

妈妈的违规行为，让小宁学到了在没人监督时，做什么都可以。小宁妈妈的做法提醒了广大家长们，日常生活也是培养孩子习惯的试验场，父母只有注意生活中的细节，从自身做起，才能为孩子做好表率。

被人们称为"铁娘子"的英国首相撒切尔夫人在谈及习惯时说："有时事务太忙，我也可能感到吃不消，但生活的秘诀实际上在于把90%的生活变成习惯，这样你就可以习惯成自然了。毕竟你想都不用想就去刷牙，这是习惯。"由此可见，将习惯培养贯穿于日常生活中，从小养成良好的习惯，对人一生有多么深刻的影响。这种影响将伴随孩子们的一生，无论学习还是生活，做人或者处世。对于孩子来说，生活本身就是最大的课堂，父母要充分利用生活中的点点滴滴来培养孩子良好的习惯。

就拿培养孩子进餐习惯来说，父母不妨将餐桌当成课堂，在家庭生活中培养孩子的好习惯。从孩子上餐桌的第一天起，父母就应该告诉孩子，吃饭之前应该先洗手，保证用餐的卫生；有长辈在场时应该有长幼之分，请长辈先入座；吃饭的时候不要偏食、挑食，这样才能全面吸收营养；粮食来之不易，不应该浪费等。有些父母在日常生活中就不注意这些小细节，例如孩子挑食时，有的家长往往会把孩子不爱吃的菜收起来。餐桌上对孩子的迁就，不仅会影响孩子摄入全面、充分的营养，而且会使孩子养成任性、自私的性格。因此，在日常生活中帮助孩子养成良好的用餐习惯，其实也是在帮助孩子培养好的性格。

可见，良好的家庭环境，可以让孩子在不知不觉中形成良好的生活、学习习惯。父母是孩子的第一任老师，父母的言传身教会深深地影响孩子，所以，首先父母一定要从点滴生活小事做起，为孩子做好榜样，让孩子的好习惯在潜移默化中培养起来。如果希望孩子养成守时的好习惯，那么无论是约会，会议还是别的方面的承诺，父母都应该准时，而且也应该告诉孩子，迟到会给他人造成不便，如果确实去不了，应该及时通知等自己的人并且致歉。又比如，父母希望孩子养成节俭的好习惯，却对孩子很大方，孩子要什么给什么，这其实也是不对的。溺爱只能让孩子养成大手大脚花钱的坏习惯。父母应该按照实际需要给孩子买东西，也要让孩子知道所有的东西都是父母辛苦付出换来的，应当珍惜。再比如，父母想要孩子整洁，就应该先改掉自己随手乱丢东西的坏习惯。

小超乖巧伶俐，学习很自觉，小超的父母因有一个如此懂事的孩子而深得邻居羡慕。

其实，小超良好的学习习惯是在妈妈用心教育下逐渐养成的。妈妈很注重培养孩子的良好习惯。小超还很小的时候，妈妈就经常和小超围坐在一张桌子旁，教小超画画儿和识字，养成了一起愉快游戏和学习的习惯。

初中时，和爸妈一起学习的好习惯仍然保持着。小超放学回家写作业时，爸爸妈妈就关掉电视，在旁边看书、看报纸、处理文件，并且时不时地提醒小超："加油啊，爸爸快看完了！"在爸妈营造的氛围下，小超看书也更有了劲头儿。

渐渐地，小超每天放学回家就会自觉地学习。而且，他也养成了尊重、体谅他人的好习惯，在别人需要安静的时候，小超都会自觉保持安静。

其次，父母应该注意避免大包大揽，替孩子做他自己力所能及的事情。专家表示，七岁的孩子已经能负担一点儿家庭责任。所以，对于十几岁的孩子，父母更应该有意识锻炼孩子自己的事自己做的习惯，这样孩子的独立性与责任感也会增强。比如有一位聪明的妈妈，她给自己的孩子洗鞋时就只洗一只，这样就迫使孩子自己去洗另一只鞋子。这位妈妈就这样无声地引导孩子去做自己能做的事，让孩子自觉养成了良好的个人卫生习惯。如果父母要培养孩子爱劳动的好习惯，就应该告诉孩子每天把自己的屋子打扫干净，叠好自己的被子，整理好自己的书桌，而不要只是嘴上抱怨孩子太懒，手上却将活儿都包了。

俄罗斯教育家乌申斯基说："好习惯是人在神经系统中存放的资本，这个资本会不断地增长，一个人毕生都可以享用它的利息。而坏习惯是道德上无法偿还清的债务，这种债务能以不断增长的利息折磨人，使他最好的创举失败，并把他引到道德破产的地步。"为了让孩子长大后能够享用好习惯丰厚的利息，每位父母需要做的，就是从生活的点滴入手，引导孩子培养好的习惯。

孩子好习惯的养成离不开父母的鼓励

俗话说："良言一句三冬暖，恶言一声暑天寒。"在成长的过程中，父母、朋友的一声鼓励总能让我们倍感温暖。孩子也是如此，相对于批评，鼓励会让他们更加自信，更加健康、快乐地成长，而批评的一句话，就有可能打击孩子跃跃欲试的冒险心，让他们变得畏首畏尾、犹豫不前。鼓励是帮助孩子养成好习惯的重要技巧之一，很多父母却并没有认识到这一点。他们的注意力多放在孩子错误的行为上，总是对孩子的表现不满意。可以说，正是这些父母的高要求打击了孩子尝试改变的决心，使得好习惯迟迟不得养成。

小夏是个爱看书的孩子，只是她常常喜欢躺在床上看书。

"你又躺在床上看书，想要成个睁眼瞎不成？"妈妈又生气了。

"不看书您说我，看了您也不满意，到底想要我怎么样嘛？"小夏委屈地说。

"我也没让你躺床上看啊！你是成心跟我作对是不是？"妈妈说。

"您是谁啊？我哪敢啊？"

"别看了，要看下床来坐好了看！"妈妈一把夺过书，扔在桌上。

"你干吗？"小夏大叫。

"我还能干吗？不让我女儿成个睁眼瞎！"

小夏看妈妈这么野蛮，特别生气，于是就赌气躺在床上了，任凭妈妈怎么叫也不起来。后来，妈妈一说起让小夏看书，小夏就故意说："您不是说看书对眼睛不好吗？"妈妈气得不知如何是好。

小夏爱看书本是个好习惯，只是看书的方式稍有不妥而已。如果妈妈能够在鼓励中稍加指点，相信是不会影响小夏继续读下去的。良好的习惯，会使孩子终身受益，帮助孩子走向成功，而好习惯的养成，需要家长和孩子一同来努力。家长不应该只盯着孩子的错误，而是要鼓励孩子的每一个进步。孩子在父母的鼓励中才能够发现自己的进步，也能够获得被赏识、被肯定的成就感和喜悦感，而这种正能量可以强化孩子正确的行为，使之形成好习惯。所以，在培养孩子的好习惯的过程中，父母应该多鼓励和赞美，发现孩子的点滴进步并予以及时的肯定。这样，孩子每天都会知道自己是否进步了，并期待着明天的进步。

孩子就像一粒埋在土壤里的种子，父母的鼓励犹如阳光雨露，不断鼓励孩子，孩子就能发芽生长。如果父母想帮助孩子进步，却又总是着眼于他们的缺点，动辄唠叨责骂，这样是不行的，只会使孩子失去自信心。只有当人们认识到自己的进步，并相信自己有能力改进的时候，才能改善自己的行为。所以，在孩子养成好习惯的过程中，父母必须学会发现孩子的进步，掌握鼓励的艺术。由于孩子的自制力较差，难免会出现这样或那样的错误，对这些，家长都应当给予宽容、谅解，不能加以指责、挖苦，如说"你怎么这么不长记性啊，笨小子"等挫伤孩子自尊心的话语，更不能动辄拿惩罚来威胁，这是不尊重孩子人格的行为。聪明的父母会在帮助孩子分析错误的同时，尽力指出他们极其细微的进步，帮孩子树立信心，看到进步，这样还能增进彼此之间的感情，例如多对孩子说"别怕，你肯定能行"，"只要今天比昨天强就好"等。父母要牢牢把握鼓励的艺术和时机，在平凡、平庸之中捕捉闪光点，把消极心态转变为积极心态。

鼓励不是一句空话，父母应该有针对性地给予孩子具体的鼓励。不要老是使用"你最好"、"你真棒"这样笼统的话，因为这样会使人觉得枯燥、平淡而生厌。父母应该先陈述事实，再有针对性地给予具体的鼓励，例如"你今天不赖床了，干得好"，"这次能忍住没讲脏话是个好的开始嘛"等。这样孩子就能清楚地认识到自己怎样做受到了鼓励，明白怎样做是正确的，同时，孩子也获得了一种力量，产生积极而愉悦的心理体验，下一次，他们将会做得更好。所以家长要信任孩子，不吝啬给他们鼓励。

古人说："赠人以言，重于珠宝；伤人以言，重于剑戟。"有时旁人一句赞扬、鼓励的话，甚至可以改变一个人。所以父母也应该多夸奖孩子。当孩子表现好的时候，无论事情多小，父母都应该夸奖一下孩子。例如，孩子开始自己洗衣服，孩子主动给老人让座等，只要看到了，父母都应该及时对他们正确的行为进行夸奖。一开始，对孩子的良好行为，家长可以及时地给予积极的刺激，随后，当同样的良好行为多次出现时，不要每次都给予鼓励，逐渐减少积极刺激的次数，直到孩子的良好习惯养成。

小强是独生子，爸妈都特别宠他，所以他在家常常什么事情都不干。

有一次，表姐去他家玩，发现小强吃完饭放下碗筷就走了，表姐就微笑着对他说："姐姐喜欢的可是一个吃完饭帮妈妈收拾的懂事的表弟哦！"小强似乎明白了什么，下一次吃饭时，他得意地对表姐说："姐姐，你坐着，今天碗筷我全包了！"

表姐很高兴地表扬他说："表弟真能干，吃饭养成好习惯！"

小强很高兴，以后就逐渐养成了良好的就餐习惯了。这件事引起了小强爸妈的注意，他们发现鼓励能够起到很好的教育效果，于是就常常鼓励小强。

小强第一次自己洗衣服的时候，甚至可以用糟糕来形容，但是爸爸微笑着说："非常好，第一次洗就如此出色，爸爸第一次洗的时候可比你差多了。"小强听后喜形于色，洗得更积极了。

时间证明了鼓励对小强的作用有多大。后来，在父母的鼓励下，小强养成了按时起床、爱读书等很多好习惯。鼓励犹如一双翅膀，孩子插上这双翅膀就能飞翔。

表姐在肯定与赞赏中巧妙地纠正了小强的失当，这就是教育的艺术，值得每个家长仔细品味和借鉴。此外，对孩子的鼓励，不一定要用言语表达出来，所谓"润物细无声"，有时父母一个肯定的眼神，一个欣慰的微笑，一个鼓励的拥抱等肢体语言都能带给孩子力量，给予他们极大的鼓励。孩子也会从父母无声的语言中，知道自己做对了，进步了，就会更加努力，一步步向更高的水平迈进。

让孩子养成好习惯，其实很简单，一味地批评、说教、否定孩子是没有办法让孩子成长的，一句无心的责备会让天使失去飞翔的翅膀，而一句"你能行"却能成为孩子努力的动力。一声鼓励有时就能感动并且成就一个孩子。因此，父母应该变消极态度为积极态度，在孩子有不良行为时，变训斥为鼓励，变嘲笑为指导。

父母的耐心解释让孩子更乐意改变

习惯是人的终身伴侣，它是最好的帮手，会推着人前进，也可能成为最大的负担，阻碍人进步。其实，今天的父母已经开始重视孩子的习惯培养，可是效果却不明显。有的父母就反映孩子坏毛病很多，不爱干净、乱花钱、说脏话等，父母都说了八百遍了，孩子还是改不了。难道真的是孩子"冥顽不化"、"死性不改"吗？其实并非如此，问题在于许多父母将习惯培养当成了说教的内容，动辄责备、打骂孩子，安排孩子干这干那，这样往往把孩子变成了习惯的奴隶。其实，孩子更需要的是父母的耐心解释，一味地消极警告、处罚，是没多大用处的。

王女士的女儿小立今年上高二，学习成绩还不错，可是她爱说粗话的毛病却让王女士特别苦恼。其实，每次小立说脏话，王女士发现了都会大声地批评孩子，可根本没用，过不了多长时间，小立又会继续说。

一次，小立跟班上同学发生了点儿小矛盾，她随口就来："滚！"

后来有同学跟老师反映了，说小立很凶，只要别人和她有不同意见，她就说粗话骂别人，其他同学都怕她，不敢和她吵架。为了维护班级的安定团结，老师找到了小立。

在和老师聊天的过程中，小立说："妈妈平时也常这样和我说话。有时我很想看一会儿电视，她就臭着脸说'赶快进去做作业，不要和我讲价钱，否则有你好看'。有时我想和她分辩一些问题，她就生气地说'小孩子哪有那么多歪理，叫你怎么做就怎么做，少和我啰唆'，弄得我现在一点儿都不喜欢和她讲道理了。"

王女士抱怨自己的孩子恶习难改，但是她并没有发现自己的教育方式不恰当，还在一定程度上助长了孩子的坏习惯。一方面，小立爱说粗话，是受了母亲的影响，另一方面，在矫正小立的坏习惯时，王女士很少顾及小立的想法，总是粗暴地命令她。要知道，孩子需要的是父母耐心的解释和具体有效的帮助，而不是唠叨或训斥。

耐心，是教育的根本，父母拥有耐心，教育孩子就等于成功了一大半。然而，孩子好习惯的养成或者坏习惯的矫正是一个长期而反复的过程，有的父母或许在刚开始还满腔热情，后来就失去了耐心。父母常犯的一个错误是，只责备孩子的错，而忽略了解释他们错在哪里以及该如何改正。

其实，父母的责备或者强制命令，既会让孩子的自尊心大受打击，同时还可能引起孩子的反抗和抵制，逃避习惯培养。相反，如果父母有足够的耐心，能够不厌其烦地提醒孩子每一次的错误，监督和鼓励孩子，相信孩子是乐意一步步改变的。比如，针对孩子爱睡懒觉的毛病，父母不妨教孩子自己认识到早上起床做运动可以很好地锻炼身体，对学习、生活也都有好处，从而开始有意识地加强这种行为，并鼓励孩子自己坚持下去，时间长了，就形成了习惯。

当父母发现孩子的坏习惯出现的时候，很多人都会对孩子大喊大叫，以示问题的严重性，更有甚者还会对孩子大打出手，以此告诫孩子下不为例。其实这样是不对的，因为越是这样打骂孩子，越会引起孩子的叛逆心理。父母要做的，应该是及时找出孩子坏习惯出现的原因是什么，并以此来耐心引导孩子改变坏的习惯。父母可以等到孩子比较安静的时候，再平心静气地和孩子讲道理。对于爱说脏话的孩子，父母要告诉他这是对他人的不尊重，也是对自己人格的侮辱；当发现孩子说谎时，父母首先要了解情况，弄清孩子为什么要说谎，是恶意欺骗还是善意的谎言，然后，仔细分析，区别对待，该肯定的肯定，该指正的指正。

小月最近迷上了在网上看韩剧，看得特别来劲，经常一看起来就不吃饭、不睡觉。妈妈为此很着急，生气地批评了几次，不但没有奏效，还反而助长了小月偷着看的劲头。为此，妈妈决定耐心和小月谈一谈。

"小月，为什么这么爱看韩剧啊？"妈妈问。

"因为里面的男主角很帅啊。"小月回答。

"孩子，你现在也长大了，妈妈不反对你适当看一些电视，但是你看起来就忘记吃饭，对身体不好不说，还耽误学习不是？"

小月点了点头。

"俗话说'少壮不努力，老大徒伤悲'，如果你现在把大把的时间花在看电视上，不珍惜时间努力奋斗，那以后恐怕连看电视的时间都没有的！"

"可是，妈，我也管不住自己啊，看着看着就忘记时间了。"小月无奈地表示。

"那妈给你定好上网的时间，就像上课一样，按时上下网，好不好？"

"好啊！"小月爽快地答应了。

最后在母女俩的共同努力下，小月的自制力越来越强了，常常能够给自己订下学习和娱乐的计划了。

这位母亲的做法是值得广大父母借鉴的，她知道，要让孩子改正坏习惯，要用巧妙的方法，其中耐心的解释必不可少，而粗暴的训斥是难以取得好的效果的。在成长的路上，孩子会遇到很多的问题，帮助孩子改掉坏习惯、培养孩子养成良好习惯是父母最大的心愿。父母在发现孩子出现坏习惯的时候，一定要以正确的态度来面对，要用正确的方法来解决，帮助孩子改掉坏习惯。父母是孩子在成长路上的导向标，要正确地引导孩子健康地成长。

不论父母是想培养孩子的好习惯，还是想纠正孩子的坏习惯，都不可能只靠一句话，或者是一朝一夕可以实现的。家长要拥有足够的耐心，否则，再好的方法也不能够帮助家长，所有的努力也会前功尽弃。在面对一时"改造"不好的孩子时，或者不断反复的时候，暂时缓一缓，家长应该拿出更大的毅力和勇气，依然去关爱他，鼓励他，指点他，孩子往往就可能会不自觉地在感动中改变。

第八章
有些人生道理，
还是要慢慢告诉孩子

　　人世间，许多不经意的人和事都蕴含着一些大道理。父母作为过来人，自然懂的比孩子多。正因为如此，很多父母为了让孩子少走弯路，常常将自己的生活所悟强加给孩子。但是孩子也是有自己主见的独立个体，他们只是受智力、阅历、性情等诸多因素的影响，懂得道理的多少不一样、先后不一样、深浅不一样而已。有时父母灌输、强加给孩子的道理，孩子不仅难以接受，还有可能产生逆反情绪。父母不如给孩子一些时间，将这些道理慢慢地告诉孩子。

教孩子真正了解自己

"认识你自己",相传这是铭刻在希腊阿波罗神庙里的著名箴言之一。这句箴言启发人们,每个人都是独一无二的个体,都应该认识自己独特的价值和禀赋,唯有这样才能实现自我,取得成功。这句话对于青春期的孩子显得尤为重要,因为很多十七八岁的青少年还不够成熟,缺少的就是对自己的正确认识。他们中的许多人敢想、敢说、敢做、敢当,甚至以为世界都在自己脚下,也有的自卑、怯懦、胆小、迷茫,觉得自己一无是处,因此,及时地引导他们正确认识自我,便成了父母的一大重任。

放学回到家,小强闷闷不乐地坐在沙发上发呆。手里拿着两张试卷,一张是数学40多分,一张是语文130多分。

"儿子,你怎么了?"妈妈担心地问。

"妈,我数学又考了倒数第二名。"小强失落地回答,跟丢了魂似的。

"哦,是这样子。哎,没关系,妈知道你实在是对数学一窍不通,妈早就认了。"妈妈满不在乎地回答。

"哎,我怎么这么笨呢,一遇到数学脑袋就不开窍了?"小强说。

"可能是遗传我吧，我当年数学就不好。"妈妈想了想接着说，"不过没关系，到时候上文科就可以了，文科数学简单一些。"

"就我这水平，怕是文科数学也不怎么样。"小强没自信地说。

"那妈妈送你去补习班呗，多花点儿时间，可以赶上的。"妈妈说。

"也只有如此了。"小强话虽这么说，其实心里也越来越没底了，因为数学学不好，他渐渐对自己没有了信心。

数学是小强的弱项，他为此耿耿于怀，渐渐地没了自信。虽然妈妈对小强的担忧给出了对策，但可惜的是，妈妈的鼓励和教育并没有落到点上。妈妈只是看到了小强数学一门弱，而忽略了他语文成绩其实是很棒的，如果妈妈能够正确地引导小强全面认识自己，取长补短，相信小强是不会丢失那份自信的。

青春期的孩子心智还不够成熟，对自我和外界往往还无法形成独立的认识，容易将父母和老师灌输的观点看作真理。因而，父母对孩子的评价具有很强的暗示和诱导作用。这就要求父母首先要正确地认识孩子，如此，孩子才能在认识自己的道路上找准方向。父母不能看到孩子学习成绩不好，就断言孩子"没有出息"。孩子可能解不出那么多的数学难题，但却可能是写诗歌、小说的能手；孩子或许英语成绩差，但却可能能言善辩，有很好的人缘；孩子也许画画不好，但却可能有一副动人的歌喉……人无完人，每个人都有短处，全面地认识自己的孩子同时引导孩子扬长避短，这是父母应该做的。只有这样，孩子才能在父母的影响下，不因为一点点出众的才华而得意忘形、目空一切，也不会因为一点儿缺点和失误就萎靡不振，而是在正确认识自我的道路上阔步向前，最终实现自我。

尼采说过："聪明的人只要能认识自己，便什么也不会失去。"一个能够正确认识自己的人，可以全面、客观、准确地评价自我，给自己一个准确的定位，这样就能够更加游刃有余地处理自己在生活中遇到的各种问题。同时，一个人能够很好地认识自己的心理和行为，便能够根据自身和社会的需要自觉地控制和完善自己，这对于心理的成长是十分有益的。所以说，引导孩子正确认识自我，是十分必要的。

鲁迅先生就曾说过："我虽时时在鞭挞他人，但更多是在无情地剖析我自己。"英国著名诗人济慈，本来是学医的，后来他发现了自己写诗的才能，就当机立断，弃医学文，虽然他不幸只活了二十几岁，但却为人类留下了很多不朽的诗篇。法国作家卢梭，曾写下了著名的"灵魂自白书"——《忏悔录》，他在书中真实地记录了他的一生，包括他曾做过小偷、抛弃挚友、嫁祸他人等种种丑行。正是如此触目惊心的自我剖析，让卢梭得以真正认识自己，不断超越自己。

古人云："人贵有自知之明。"一个能够正确认识自己的人，了解自己的优点、缺点、爱好、性格、习惯等，能自觉找出与别人的差距，取人之长，补己之短，能够学会自我反思，不断寻求进步。可以说，自我认知是一盏明灯，能够照亮孩子成功的路。所以，父母要做引导孩子看清自己的向导，引导孩子在认识自我，最终实现自我的道路上走得更坚定，更自信。

在生活中教孩子学会自我保护

在一次次的地震灾害中，一座座倒塌的校舍里，埋葬的都是未能逃出的孩子们幼小的身躯。近几年，校园内成人持刀砍伤学生的事情屡有发生，更是令家长们不寒而栗。如何让孩子免受伤害，健康、安全地长大，已经成为父母关注的一个焦点。父母一直是孩子坚定的保护者，然而孩子也是独立的个体，父母不可能时时刻刻将他们庇护在自己的羽翼之下。父母要保护孩子，首先要教孩子学会自我保护。然而，现实生活中，很多父母对于孩子的安全教育重视得显然不够，让孩子受到了伤害。

星期天，爸妈有事外出，小龙一个人在家看电视。

咚咚咚……"请问有人在吗？"有人敲门。

小龙只当是爸妈回来了，问也没问，就开了门，门口站着一个提着工具包的叔叔。"大人在家吗？我是水利公司的，你们家报修说水管坏了，我来维修！"叔叔说。

"哦，我爸爸妈妈不在，就我一个人。我们家水管坏了吗？"冬冬疑惑地问。

"嗯，是的。肯定是你妈妈出门忘记和你说了。没关系，我一会儿就修好了。"叔叔笑着说。

虽然小龙还是疑惑，没听说家里水管坏了，但是看着这个叔叔"全副武装"，还挂着工作证，就打消了疑虑，让叔叔进了屋。小龙看着叔叔这敲敲那打打检查水管，觉得很无聊，于是就接着看电视去了。不一会儿，叔叔那里没动静了，于是小龙就又跑过去，结果将正在偷抽屉里钱的叔叔逮个正着，于是小龙大叫一声："你干吗？你是小偷！"

被惊动了的叔叔，一看被发现了，立马飞奔过来，反握住了小龙的手，捂住了他的嘴巴，凶狠地说："叫什么叫？再叫给你一刀！"

小龙吓傻了，一动也不敢动，那个叔叔又变了一副笑脸说："孩子，叔叔不是坏人，只不过是想借点儿钱嘛！告诉叔叔，你们家存折在哪里啊？"

小龙拼命地摇头，那个叔叔见状，觉着存折小孩子可能真不知道，于是就绑住了小龙的手脚，拿着钱和首饰，大摇大摆地出门去了。

爸妈回来看见家里的一片狼藉和被捆绑的儿子，吓坏了，立马报了警。可是小龙吓坏了，什么也记不得了，丢的东西也不了了之了。

当父母不在身边的时候，如果孩子心中没有明确的避险意识，是很危险的事情。小龙就缺乏基本的安全意识，对陌生人毫无防范，在发现对方的偷窃行为的时候，也未能冷静地报警求助，而是方寸大乱，被窃贼挟持，差点儿危及生命。遇上这样的事情，家长们在替孩子担忧的同时，也要问问自己：作为孩子的监护人，你们有没有教会孩子，当父母不在身边的时候如何保护自己？家长们必须了解孩子所面临的潜在危险，必须让孩子懂得在面临危险时如何自我保护，这样才能让孩子更加安全健康地成长。

安全需求是仅次于生理需求的一种需求，是人健康生活的必要条件，也是关系到家庭美满幸福的重要保证。所以，孩子的安全问题值得引起父母的高度重视，父母在给孩子提供优越的生活和学习环境之时，还应该加强对孩子的安全教育，让孩子学会自我保护。作为家长，可以通过有效的沟通和浅显易懂的技巧，教会孩子如何识别潜在的危险或者看似可疑的情况，让孩子远离危险，以及在发生危险的时候如何做出安全的回应，恰当地保护自己。我们相信，如果孩子懂得了如何保护自己，那么很多悲剧是可以避免的。

有孩子反映，他们在学校总是被欺负。青春期的孩子争强好胜，同学之间发生摩擦是难免的，孩子被欺负，也是成长过程中不可避免的事情。面对这种孩子之间的小冲突，父母应该告诉孩子，被欺负时忍气吞声只能助长他人的霸道气焰，只有勇敢地面对，才能保护自己。有的父母会教孩子"他打你，你就打他"，这种以牙还牙的处理方式，可能助长孩子的攻击性，其实不利于孩子的成长。父母应该告诉孩子：不用害怕，可以大声求援，吸引老师、大人或者其他小朋友的注意，求得他们的帮助。

当孩子遭遇暴力侵害时，比如遭遇拐骗、抢劫、歹徒行凶、人身侵犯等，父母应该告诉孩子积极的应变措施和寻求帮助的方法。父母首先应该向孩子强调不能随便信任陌生人，当有陌生人以水电修理等名义上门，孩子一定要提高警惕，善于识别，如果情况比较危急，孩子应该立即打电话向邻居、朋友或警察求助。如果遭遇坑蒙拐骗或者歹徒行凶等危险的事情，父母要告诉孩子保持镇静，努力记住坏人的相貌、穿着、年龄及车牌号码，记住经过的道路、地点和有特点的建筑物，寻求机会逃跑，同时大声呼救。此外，父母不妨带孩子学习跆拳道、空手道等对抗性的体育项目，以便于孩子在面临侵害时能够有力地反抗。

作为父母，教育孩子如何应对意想不到的灾难以及如何自救，也是家庭教育中不可或缺的一课。一项最新的抽样调查表明，青少年意外伤害已成为世界各国青少年第一大"杀手"，如果学校和家长多教给孩子们一些灾害防范和急救的知识，有意识地对孩子进行灾害模拟应对训练，很多意外伤害是可以避免的。例如对于火灾防范和自救，父母应该在平时就注意教孩子逃生的常识：在公共场所寻找安全出口的标志；当火灾发生时，顺着标志上箭头的方向跑，尽量不要乘坐电梯，要迅速从楼梯撤离；逃生时用湿的手帕、毛巾等掩住自己的鼻子和嘴巴，放低身体沿着安全出口标志的箭头方向逃生。

看到新闻中有民众在火灾中跳楼的报道，妈妈问洋洋："如果你是他，在那么危急的情况下你怎么办？"

"我可不会去跳楼，电梯快，我赶快去坐电梯下楼。"洋洋说。

"孩子，那时候大家都会去坐电梯，肯定很挤，而且火灾发生，还可能影响供电，所以要尽量走楼梯，还要放低身体，用湿毛巾、衣服等掩住嘴巴和鼻子，以抵挡浓烟。"

洋洋点了点头，说："生命诚可贵，妈，我一定牢记这些常识。"

"孩子，你在慢慢长大，总有一天，妈会不在你身边，所以你要学会保护自己。"妈妈语重心长地说。

洋洋说："妈，我一定记住您告诉我的。"

妈妈让洋洋自己去思考，并让他设身处地地考虑措施和对策，这样的教育在动机和方法上都是非常好的。另外，父母在日常的人际交往中帮助孩子树立自我防范意识，增强自身的防范能力，也是必要的，这样孩子在遇到异常情况时，就能够冷静、机智地去应对了。父母要告诉孩子：遇到紧急情况要拨打110；独自在家，要锁好院门、防盗门等，有陌生人来访，不要轻易开门；熟记自己的家庭住址、电话以及父母的工作单位名称、地址、电话等，以便在急需时取得联系；不接受陌生人的钱财、礼物、玩具、食品，与陌生人交谈要提高警惕，不随便搭乘陌生人的便车等。

孩子的健康和安全，不仅关系到每个家庭的生活幸福，更关系到整个社会的祥和与稳定，父母们必须了解孩子所面临的潜在危险，让孩子懂得如何在危险来临时保护自己，这样才能为孩子的生命撑起一片安全的天空，让他们平安快乐地成长。

幸福与否不是取决于钱多还是钱少

如今社会发展了，在经济较为发达的社会里成长的孩子们，从小就要和钱打交道，财富将成为孩子人生中必须面对的主题之一。从小培养孩子正确的财富观，在孩子的每一步成长过程中进行有规划的理财教育，成为新一代父母的必要选择。然而很多父母在这方面做得并不好，他们尽可能地满足孩子的一切要求，纵容孩子养成了金钱至上的观念，一些孩子热衷于比较谁的家里有钱，谁的零花钱多，这些孩子已经成为金钱的奴隶。

小乐上高三了，正积极地备战高考。对于即将到来的大学生活，一家人讨论了起来。

妈妈问："小乐，大学你想在哪里读啊？"

"内蒙古！我想去感受一下大草原的广阔！"小乐说。

"啊，去那么穷的地方能学到什么啊？出来说不定工作都不好找的。"妈妈明显反对小乐的想法。

"哦，那就考完再说吧。"

"那你想学什么专业啊？"妈妈继续问。

"我对哲学很感兴趣。"小乐兴致勃勃地回答。

"学哲学有什么用啊？还不如计算机啊、土木工程啊这些理工科的专业好，这些专业出来工作好找，工资还高！"妈妈说。

"可是我喜欢哲学啊！"小乐不满妈妈的建议。

"喜欢能当饭吃啊，能挣大钱才能活得好！如今，有钱才能买得起车，买得起房，才能过得幸福！"妈妈说。

小乐若有所思地点了点头。高考填志愿的时候，小乐最终还是向钱妥协了，填报了妈妈说的多金的专业，放弃了他钟爱的哲学专业。后来，他才发现学习自己不感兴趣的专业是如此痛苦的事。

在妈妈看来，金钱是幸福的保障，钱多了才能获得幸福。小乐在妈妈的启发下，最终放弃了自己喜欢的专业，选择了妈妈心中多金的专业。事实真会如妈妈希望的一样吗？小乐真的会感到幸福吗？一个人不能学习自己所喜欢的东西，恐怕是没有多少幸福感可言的。或许小乐在奔向幸福的途中会因为提不起兴趣而放弃了。

如今除了智商、情商，财商也已经被列为考察孩子能力的因素之一。三商都高的孩子，才能赢得自己精彩的人生。所以如何引导孩子形成正确的财富观，让孩子懂得正确对待钱财，是广大父母应该认真思考的一项新课题。财富观是一个人对钱财的根本看法和态度，是和价值观、人生观紧密相连的。如今的孩子，毋庸讳言，深受父母、社会、影视、网络攀比和奢侈风的影响，往往把追求金钱作为自己的人生理想，从小就养成爱慕虚荣、贪图享受、攀比炫富等不良习惯。然而，财富的多少真的和幸福的多少等同吗？恐怕并不是如此。挣多少钱算多呢？有了足够的钱还想赚更多的钱，这些欲望，致使人无休无止地奔波劳碌，哪里还有幸福可言？巴尔扎克笔下的葛朗台算是一个有钱人了，他守着一堆堆的金币去见了上帝，谁能说他是幸福的呢？幸福并不是取决于钱多还是钱少，这是父母应该告诉孩子的道理。

有人说，金钱是罪恶的根源。可见，有时候钱多了并不一定是好事情，它可能诱发人贪婪的欲望，使人走向罪恶的深渊。所以，父母应该告诉孩子，想要更多的钱，无可厚非，只有取之有道，才可以为生活锦上添花，提高幸福感，但切不可沦为金钱的奴隶。如果整天为了获取更多的财富而疲于奔命，那就离幸福越来越远了。所谓"知足者常乐"，这是孩子应该铭记的道理。想获得幸福，就要以知足的心态面对生活，每个人的幸福各有不同，也许你没有华丽的别墅，却有温馨的家和关心爱护你的家人，这是一种幸福；也许你没有万贯家财，却有千金买不来的健康身体，这也是一种幸福；贫困山区的孩子没有手机、电脑，可是他们有大自然做伴，这同样也是一种幸福。

如今人们普遍富裕起来了，关于如何让孩子正确对待财富这个问题，美国首富比尔·盖茨和夫人梅琳达的做法值得广大父母深思：盖茨夫妇净资产高达670亿美元，他们却没有将财产留给三个孩子，而是决定将全部财产都用于慈善，因为他们认为留遗产"既不利于孩子，也不利于社会"。如果父母留下过多的财富给孩子，难免会在一定程度上助长孩子不思进取、贪图享乐的心理，"守财奴"、"败家子"在我们的生活中也并不少见。而美国哈佛大学一项研究显示，在生活中多去帮助他人，能让自己感到更幸福。

过年的时候，小宇收到了将近3000元的压岁钱，妈妈给小宇开了一个账户，存进了银行。

一天，小宇跟妈妈说："妈妈，我的那些压岁钱我可以自由支配吗？"

"可以啊，但是前提是你得告诉爸妈你准备干什么。"妈妈疑惑地看着小宇，想着这么一大笔钱，可不能让儿子乱花。

"妈，您别担心，我不会乱花的。您和爸爸平常总教导我，金钱乃身外之物，应该给予需要的人，我一直都记得。我想把压岁钱捐给贫困山区的孩子，让他们也能跟我一样上得起学。"

妈妈摸了摸小宇的头，欣慰地说："我儿子长大了，知道如何更好地利用财富了，妈妈很开心。"

"妈，其实，我也很开心，因为我能够帮助别人了。我还和那边的孩子成了朋友，这份情谊是多少钱都买不来的。"

妈妈开心地笑了。

另外，父母还要正确引导孩子不健康的攀比心理和攀比行为。父母要告诉孩子，幸福取决于自己的内心，而不是比较，从学习上获得的成就感远比攀比的虚荣更让人开心。比房子，比车子，比压岁钱，比来比去心里只剩欲望虚荣，没有了幸福，一旦人追求的不是如何幸福，而是怎么比别人幸福，幸福也就离你远去了。

有人说，幸福就是猫吃鱼，狗吃肉，奥特曼打小怪兽。幸福其实很简单，只要你能够实现自我，幸福与金钱没有必然的联系。家长必须尽早给孩子灌输正确的财富观，培养他们勤俭朴素的精神，让孩子学会做金钱的主人，理性地掌控金钱，取之有道，用之有道，这样，孩子才能幸福快乐地成长。

告诉孩子：走自己的路让别人说去吧

"走自己的路，让别人说去吧。"这是意大利文学家但丁的名言，至今，它仍然是青年一代自主自立的口号。它向人们道出了成功的奥秘：成功属于那些有着自己的主见、相信自己、肯定自己、坚持走自己的路的人，而与那些人云亦云的从众者无缘。诚然，当代青少年是独立思考的一代，是开拓创新的一代，他们理应走自己的路。但是，父母的唠叨说教、话语霸权以及外人的评头论足却在一定程度上成为他们成功路上的阻碍。有些父母为了让孩子少走弯路，就常常对孩子的意见指手画脚，为孩子做决定，渐渐地孩子就养成了犹犹豫豫、没有主见的性格，根本走不了"自己的路"了。

小玥留了一头秀丽的长发，同学们都夸她的头发好看，小玥也很是得意。一天，小玥正在梳头发，妈妈说："小玥，把头发扎起来吧，头发披散着把你的脸都遮没了，不好看。"听妈妈这么一说，小玥又自己端详起自己的头发来。

她先把头发扎起来，感觉很不舒服。然后，她又把头发散下来，也觉得很别扭。就这样，小玥一会儿把头发扎起来，一会儿又把头发散下来，折腾了一早上，头发扯掉了好多根，最后匆忙梳了一下就出门了，结果还迟到了。在学校里，小玥还在纠结着头发的问题，课也没认真听。

下午放学回到家，小玥生气地对妈妈说："妈，都怪您，闹得我都不知道怎么办了！"

妈妈一脸茫然，看着女儿乱糟糟的头发才反应过来，留下一句话："直接剪了去！学习这么紧张，你还有心思在头发上？"

由于小玥对自己的发型没有独立的想法，所以妈妈的一句话，就让她无所适从，还因此耽误了学习。生活中这种事情常有发生，有许多人常常因别人无意间的一句话、一个眼神、一个动作，就怀疑自己的初衷，或者改变自己的看法和行动，直接按照别人的意见行事。父母作为孩子最亲近的人，对孩子的影响力可想而知，所以如何尊重孩子的想法和决定，引导孩子的个性发展，让孩子走属于自己的路是值得父母们深思的。

的确，听话的孩子可以让父母安心，但是如果孩子习惯了听话，长期按照家长的想法去学习和生活，孩子的依赖性越来越强，也就没有了自己的想法，孩子在独立面对世界的时候，就会表现得毫无主见，遇事犹豫不决，迷失自己。如今的时代，是一个强调个性和创意的年代，有个性、有主见的人才是这个时代所欣赏的人。事实证明，能成大事者，永远是那些敢于喊出自己的声音、坚持走自己的路的人。

所以，父母应该时常用但丁的名言"走自己的路，让别人说去吧"来鼓励和支持孩子坚持自己的想法，成为一个有主见的人，一个有个性的人。

父母应该从自身做起，尊重孩子的想法和决定，引导孩子走自己的路。生活中，父母应该尽量避免凡事以自己的权威压倒孩子，剥夺孩子表达和做决定的机会。例如孩子就某件事表达了自己的看法，父母不能因为其不成熟就断然否定，这会打击孩子的自信心；孩子培养了一些特殊的爱好，像打篮球、弹吉他、绘画等，父母切不可以业余爱好耽误学习之由命令孩子放弃，因为人们往往是在自己喜欢的和坚持的事情上，更容易取得成功。有主见的孩子往往敢于表现自己有别于他人的一面，常常显得偏执而且特立独行。所以，欣赏并且鼓励孩子也是父母应该做的。同时，在培养孩子的独特个性时，父母也应当及时纠正孩子个性中不好的一面，以免使孩子变得桀骜不驯，影响其正常发展。

有时候，走自己的路，就是标新立异，路上少不了别人的评头论足。对于别人的议论应采取什么态度呢？这时候，父母应该告诉孩子：无论你怎么做，都不可能赢得所有人的支持。当你确认了一条路是正确的，而且客观上是真的应该去做的，那么不要在乎别人的评价，特别是一些恶意的嘲讽和诽谤，尽管坚定地走下去就是了。当然，父母善意的批评指导、老师的谆谆教诲、朋友合理的建议与鼓励、好心人的一句忠告，都是成长中必不可少的财富，是需要虚心聆听的。因为很多时候当局者迷，旁观者清，如果只顾自己往前走而不听别人的劝告，很有可能误入歧途。对于别人的言论我们既不能言听计从，亦步亦趋，也不能一句不听，做特立独行的独行侠。

小友非常喜欢音乐，有着一个歌手梦。

妈妈说："唱歌没有出息的，你还是好好学习吧！"

小友回答："妈，您放心，我不会耽误学习的。但是唱歌是我的梦想，我也不会放弃的。"

"嗯。妈妈相信你！"

爸爸说："孩子，成名的背后可是要付出很多想不到的艰辛和努力啊，你能坚持得住吗？"

小友说："爸，我知道天下没有免费的午餐，我会努力做出成绩给你们看的。"

"儿子，加油！"

有朋友嘲笑小友："小友，等你出名了，见着了王菲，帮我带张签名啊！"

小友不理会朋友的嘲笑，暗自下决心，一定要坚持走下去。

后来，小友参加了省级的歌唱比赛，获得了第一名，而且他凭借优秀的唱功，还被某个唱片公司看重。但是小友坚定地拒绝了唱片公司的邀请："谢谢你们赏识我，可是我现在还小，还要以学业为主，但是我会一直坚持我的音乐梦想的，我希望凭借自己的努力进音乐学院深造，希望以后有机会我们再合作。"

高考时，小友如愿考上了自己喜欢的音乐学院。

另外，走自己的路，必须要有坚持不懈的恒心与顽强的毅力。上述故事中，小友就是认定了自己的音乐道路，凭借他对音乐的坚持，才如愿以偿地考上了音乐学院，离梦想更近了一步。《西游记》的故事大家也耳熟能详，父母不妨用唐僧西天取经的故事鼓励孩子，只要有顽强的毅力与坚持的恒心，咬定青山不放松，就一定能够修成正果。

"梦想，是注定孤独的旅行，路上少不了质疑和嘲笑，但，那又怎样？哪怕遍体鳞伤，也要活得漂亮。"这是一个著名化妆品集团的代言词。其实，每个人都应该为自己代言，走自己的路，让别人说去吧。

怎样培养孩子正确的生命观

人一生中最重要的东西是什么？也许有人会回答：是金钱，是荣誉，是地位……可是当生命不存在了，这一切也就失去了意义。生命是宝贵的，每个人只有一次，然而有的青少年却并不知道珍惜，遇到一点儿挫折，受了一点儿委屈，就离家出走甚至走上了轻生的绝路。如今，青少年自杀、自残和伤人现象屡有发生，这一类的新闻报道令人触目惊心，也给家庭和社会带来了极大的危害。照顾好孩子是每个父母的责任，这一触目惊心的事实，也在一定程度上反映了父母对孩子生命教育的缺失。

王丽和张云是某市中学高三学生。她俩学习成绩在班上常常垫底，有着共同的兴趣爱好，是形影不离的好朋友。一次，她俩上课扰乱课堂秩序，被老师抓住了，因为屡教不改受到了老师严厉的惩罚，后来老师还叫来她俩的家长。

"丽丽你怎么这么不争气！""小云，回家你给我小心点儿！""这孩子没救了！"……双方家长当着老师和同学的面，对两个孩子一顿骂。

放学回家的路上，王丽和张云结伴回家。两个人觉得所有人都讨厌她们，前途无望，回家等待她们的同样是父母的打骂，于是萌生了自杀的念头。

"丽丽，父母、老师和同学们都不喜欢我们，我们活着还有什么意思啊？"张云丧气地说。

"是啊，我不想回家了，回家还得受罪！"王丽哭着说。

"活着这么没有意思，还不如死了一了百了。"

说着，两个人就去买了农药，然后带着"来世还做姐妹"的遗愿喝了下去。后来，中毒晕倒的她们被附近的市民发现，可惜错过了救治时机，两个年轻的生命就这样在被送往医院的路上夭折了。她们的父母为此悲痛欲绝。

青春是最美好的年华，然而两个年轻的生命就这样逝去了，王丽和张云如此轻视生命，这其中，老师和父母的教育方式不当是造成孩子轻生的直接原因，而生命教育的缺失也是一个重要的原因，因此，加强生命教育迫在眉睫，父母和孩子朝夕相处，更有责任帮助孩子认识并尊重自己的生命，珍惜生命，善待生命。

罗曼·罗兰说："人生不售来回票，一旦动身，绝不能复返。"父母应该告诉孩子生命的可贵，要尊重自己和他人的生命，因为生命不仅仅是属于自己的，更是父母赐予的，每个人的成长都寄托着父母深深的付出、关怀和爱护。如果孩子只因为成绩不理想就选择跳楼，只因为一点儿冲突就伤人，那将会给喜欢自己、关心自己、爱护自己的人带来一生的伤痛。真正的勇士敢于直面惨淡的人生，父母要向孩子反复强调，遇到困难和挫折就选择轻生是懦弱的表现，是愚蠢的行为。生活本身还蕴藏着丰富的宝藏，只有尊重生命，善待生命，才能报答父母、报效祖国，才有机会实现人生价值。

生命本身也是脆弱的。青少年天性好动，爱尝试，爱冒险，再加上有的父母教育方式不当，引起孩子的逆反心理，使得父母不准孩子做的，孩子偏要去做、去尝试，而且，青少年危险意识薄弱，不懂如何保护自己，许多生命悲剧就这样发生了。所以，父母要让孩子懂得生命的宝贵和脆弱，激发孩子尊重、珍惜生命的强烈愿望，掌握自救知识，学会保护自己，远离危险，健康、安全地成长。比如，父母应时刻叮嘱孩子遵守交通法规，不乱闯红灯，这既是一种文明的行为，更是珍惜和尊重我们彼此生命的表现。生命是脆弱的，事故是偶然的，也是惨痛的，父母要教育孩子懂得防范。

生活从来不是一帆风顺的，其中必有荆棘坎坷，关键看人们如何面对。汶川地震虽然过去了，然而那一张张废墟中挣扎求生的面孔不能不震撼心灵，山西煤矿透水事件中一百多人八天八夜的生命抗争也同样鼓舞人心，生命虽然是脆弱的，可是父母要教育孩子有一颗顽强的心："灾难中的人们都对生命如此执着，你们为什么要轻视它呢？"父母要让孩子明白，只要有坚定的信念，勇于直面挫折，笑着面对生活，生活中的问题是可以迎刃而解的。遇到如亲人去世、高考失利这些问题，父母可以引导孩子向父母或者亲朋好友述说，寻求他们的帮助，及时宣泄悲伤、痛苦、愤怒等不良情绪，还可以求助心理医生，消除不健康的心理。

在一次交通事故中，小明不幸摔断了一条腿，从此落下终身残疾，只能坐轮椅行动。

为了小明能继续学业，妈妈决定放下工作，每天陪小明上学。

尽管如此，小明内心还是忍受着巨大的煎熬，同学们歧视的眼光、成绩的不理想等，都深深困扰着小明的内心，使得他一度有了轻生的念头，是妈妈的鼓励与支持挽救了他。

"孩子，妈妈知道你内心的苦，可是你忍心丢下爸爸妈妈不管吗？你是爸妈的精神支柱啊！身体是残疾了，可是只要心是健全的，我们一样是好样的！"妈妈时常鼓励小明，和小明谈心。

有孩子欺负小明，妈妈会毫不犹豫地保护小明；有人嘲笑小明，妈妈也会据理力争，保护小明的尊严。妈妈还带小明参加各种残疾人活动，给他讲各种残疾人成功的故事，渐渐地，小明不再胆怯了，变得有自信了，开始珍视自己的生命。

每个人的生命只有一次，它是不可复制、不可替代的。如此宝贵的生命，一旦逝去，不仅会危害家庭的幸福，更是社会的损失。或许，在那些被轻视的生命中，就有未来的科学家、文学家和艺术家。所以，家长有责任照顾好孩子，并对他们进行珍爱生命的教育，让孩子懂得尊重生命、珍爱生命、善待生命，平安、健康地成长。有哲人说："生命唯因其短，故应把它化入人类最壮丽的文明史中以获得永恒；生命也唯因其短，更要加倍珍惜每刻青春，使它在有限的生命线段内尽可能发出最大的光和热。"这才是对待生命的正确态度。

第九章
放慢脚步，给孩子纠错的机会

　　俗话说："人非圣贤，孰能无过，过而能改，善莫大焉！"每个人都会犯错，孩子在成长的路上，同样少不了犯错，有时候，他们甚至会重复犯同样的错误两次、三次，但只要孩子懂得反思，愿意改正，错误也将成为他们成长路上的无形财富。在孩子犯错一纠错的路上，父母要做他们最忠实的向导，在孩子犯错时，能够秉持宽容的心态，给予孩子合理的指导与真诚的鼓励，耐心地等待孩子在一次次错误中收获经验，茁壮成长。

允许孩子适当犯错误

每个人的成长之路都不是一帆风顺的，所有人都会犯错，不管是成人还是孩子。但是，有一些父母却不允许自己的孩子犯错，认为在自己的精心呵护和谆谆教导下的孩子还总是出错，是难以理解的。他们怀着求全责备的心态，无法容忍孩子犯错。这类父母经常因为孩子的一些小错误，而无情地训斥孩子，给孩子的心理带来了沉重的压力。

放学了，王虎约了几个好伙伴一起打篮球。没想到，王虎中途没控制好篮球，一不小心篮球飞了出去，正巧打中了旁边看球的小朋友的头。由于力度比较大，小朋友的头一会儿就肿了。

晚上，那个小朋友的妈妈就找到了王虎家里，心疼地说道："你家孩子把我儿子的头给打了，你看，肿了好大一个包呢！"

"对不起，阿姨，我不是故意的。"王虎连忙赔礼道歉，虽然当时他已经竭力表示了自己的歉意。

"什么？你怎么把人家给打成这样了？怎么回事？"妈妈生气地质问王虎。

"打篮球的时候不小心打到他了。"王虎回答。

妈妈一听，更加火冒三丈："你这个孩子，你说你都会干啥？打个篮球都打人头上去了！真给我丢脸哪！"

167

"妈，我说了，我不是故意的！"

"你还顶嘴，错了就是错了。下回再出现这样的事情，你就别想再玩篮球了！"妈妈指着王虎的头说道。

王虎觉得自己没有错，妈妈竟然还当着外人的面骂自己，伤心极了，关上房门，眼泪就止不住地夺眶而出。

"这孩子就是不懂事！大姐，您见谅啊……"妈妈又给那个小朋友的妈妈赔礼道歉。那位妈妈一时也不知所措，没想到一件小事竟然闹成这样，她本只想来看看王虎，顺便借着这件事让自己的孩子跟着王虎一块儿学篮球呢！

人这一生难免会犯错，成人如此，孩子犯错的机会更多。父母应该懂得，孩子犯错误是一件正常的事情，不要像故事中王虎的妈妈一样，因为王虎的无心之举，而武断地训斥王虎，这样做只会深深地伤害王虎的自尊心。如果王虎妈妈能够抱着宽容的态度，明白打篮球误伤他人是在所难免的，再稍加提醒和教导王虎，最后就不会变成这样了。

父母作为过来人，应该明白在成长的过程中，犯错误是在所难免的。试问哪一个成人不是在一次次的错误中积累经验教训，慢慢长大的呢？成长中的孩子心智还未成熟，父母不能要求孩子做到十全十美，况且这也是不可能的。有些父母，为了防止孩子再犯同样的错误，还会对孩子横加指责，甚至会棍棒相加，让孩子幼小的身心饱受摧残。这些做法其实并不是真的是对孩子好。

父母要理解孩子，了解孩子身上的不足，要允许孩子犯错误，让孩子明白犯错误并不可怕，可怕的是犯了错误却不承担责任。犯错是人成长之路必经的历程。从某种程度上来说，孩子犯错并不是一件坏事，父母可以在孩子犯错的时候好好地教育孩子，通过分析错误的原因，帮助或引导孩子找到正确的做法，同时鼓励孩子从自身的缺陷中找寻发展的方向和动力，从经历的错误中累积经验教训。只有这样，孩子才能不断进步和成长，这可比不让孩子犯错强多了。

父母在孩子的成长路上，总是习惯溺爱孩子，总想把孩子保护起来，生怕孩子磕着碰着，舍不得孩子受挫折。其实，这并不能真正地帮助孩子，父母不是万能的，无法呵护孩子一生，以后孩子独立生活时，如果无法自我保护，该怎么办呢？所以，父母要允许孩子自己在生活里摸爬滚打，通过不断地犯错学会自我成长，父母要学会正确引导孩子面对错误，还要学会适时放手，这样孩子才能成长起来，才能变得有担当。

妈妈给赵力买了一辆自行车，让赵力学车。一次，赵力在学车时不小心摔倒了，结果人受了伤，车也摔坏了。

回到家，赵力很害怕，担心妈妈责骂，于是一直都低着头默不作声。妈妈发现儿子不对劲儿，于是就问："赵力，你怎么了？"

赵力不敢说话。妈妈觉察到赵力可能做了错事，于是就耐心地说："赵力，不要害怕，有什么事情告诉妈妈。"

"妈，我……我把自行车摔坏了。"赵力吞吞吐吐地说。

"啊，摔啦，那你摔伤没有？"妈妈心疼地问。

"擦破点儿皮，没关系的。可是自行车骑不了了。"

"哦，原来是这样。没关系的，学车哪能不摔呢？人就是在摔倒中长大的嘛！自行车坏了修一修就好了。"妈妈开导赵力说。

"妈妈，我知道了。您真好！"

很多时候，孩子犯错是由他的好奇心引起的，父母不仅要允许孩子去犯这类错误，还要引导他，大胆去探索，不要害怕犯错误。但是如果孩子犯的是原则性的错误，例如欺负弱小、偷窃、撒谎等，父母就一定要让他知道，那是不被允许的行为，并且还需要通过适当的惩罚让孩子引以为戒，不再犯类似的错误。

孩子的成长需要成功的快乐，也离不开痛苦的挫折。父母允许孩子适当犯错，孩子才能经历更多的磨炼，在痛苦中体会到成长的快乐，在挫折中真正成长。

给孩子一些时间去反思

孔子的弟子曾子有言："吾日三省吾身：为人谋而不忠乎？与朋友交而不信乎？传不习乎？"我国自古以来就有自我反思的古训。父母在教育孩子的时候，也要时常反思自己，这样才能认识自我、完善自我、不断进步。父母在自我反思的同时，还应把这项技能教给孩子，让孩子学会反思。但让孩子反思也是有方法的，一定要给孩子一些时间，让他学会思考。如果孩子写作业时，父母就在旁边盯着看，孩子稍微出错，父母马上就去纠正，这样的行为不但不能让孩子学会反思，还会让孩子变得叛逆，不愿意承认自己有错，更别提反思了。

放学了，小喜拿着月考成绩单忐忑地回到了家。因为成绩下滑了，小喜也很郁闷，还一直担心会被妈妈责骂。

"妈，考试成绩出来了，这是成绩单。"小喜小心翼翼地递上成绩单。

妈妈接过去看着看着，就皱起了眉头，小喜顿时紧张起来，心想一场狂风暴雨就要来了，果然妈妈发话了："怎么搞的，成绩下滑了？你有没有好好复习啊？就你这样忽上忽下的成绩，怎么考上大学啊？"

小喜自知理亏，也不敢接话，心里也纳闷：自己的成绩怎么就下滑了呢？可是这念头在心里一闪就被妈妈责骂的声音给挤走了，心里剩下的只有恐惧。

"暑假哪里也别想去了啊！在家给我好好补补课。"妈妈接着说。

"啊，为什么啊？您明明答应我的啊！"小喜不解地问。

"你考成这样，还想出去玩，考得好才有资格提条件，你知道吗？"妈妈说。

"讨厌，说话不算话。"小喜生气地走掉了。成绩的事情完全抛到九霄云外去了，现在小喜心里只有对妈妈的埋怨了。

小喜考试成绩下滑了，他自己比谁都难过，也想找出自己的不足，可是妈妈的责骂却让恐惧和埋怨挤满了他的心头，使得他再也无心悔过和反思了。可以说，正是妈妈不正当的教育方式，把小喜主动自我反思和改正的意识终结了。

所以，给孩子一点儿思考的时间，给孩子一点儿学习的主动权，这是父母应该做的事情。父母要知道，会反思自己错误的孩子，可以学会总结自己的经验教训，从而扬长避短，促使自己不断进步，而缺乏反思精神的孩子，只会不断地重复同样的错误，更谈不上发展自己了。因此，父母要给孩子反思的时间，提高孩子自省的能力。

自我反思能力同样需要时间来慢慢培养。孩子如果具有成熟的反思能力，在取得成功时，就能够变得更自信，在遇到困难和挫折时，就能够及时调整情绪，查漏补缺，从错误和失败中吸取经验教训。

通过自我反思，人才能更全面地正确认识自己的优缺点。当孩子犯错误后，其实他们内心也是充满了不安和惶恐的，也会有自我反思的意识，但是有些父母却不了解这一点，一看到孩子犯错，就开始训斥孩子，不给他们反思的机会。如果父母能够在此时给孩子留出一些反思的时间，并且适时给予孩子诚恳的提醒、有效的点拨，那么孩子是能够认识到自己的错误，并积极改正的。父母给了孩子反思的机会和时间，孩子还会因此而更加尊重和喜欢自己的父母，也有利于培养更融洽的亲子关系。

在学习和生活中，当孩子做错事时，一味地说教和斥责，教育效果不但不明显，还可能引起孩子的反感，让孩子不愿意改正自己的错误。所以，在孩子犯错的时候，父母可采取平心静气的态度，引导孩子进行自我反思，认识到自己的过失，而不是高高在上地责备孩子。孩子做错事情时，有些父母会问孩子："你知道自己哪里做错了吗？"这其实就是在促使孩子学会自我反思。这样的发问可以让孩子去思考和了解自己的错误，并通过反思，认识到自身的不足。在学习上，父母也要多一点儿耐心，多让孩子自己想想，多问孩子几个为什么，多给孩子几句鼓励的话。

当然，反思，不仅体现在思想上，更表现在行动中。所以，父母也应该引导孩子养成自己承担后果的习惯。父母不要在孩子犯错后主动替孩子承担责任，这样并不利于孩子改正错误，反而使孩子觉得做错了也没关系，越来越没有责任心，以至重蹈覆辙，以后还会继续犯类似的错误。所以，父母应该让孩子主动承担后果，在积极改正的行动中一点一点进步。

一天，妈妈正在厨房忙着，忽然有点儿急事需要外出，就嘱咐女儿黄容说："妈妈有急事，需要出去一下。锅里正炖着鸡汤呢，你看着点儿火啊！"

"嗯，我知道啦。"黄容轻松地应声道，接着又继续投入到精彩的电视节目中去了。

不知不觉，半个小时过去了，黄容才猛然想起鸡汤的事情，连忙飞奔进厨房，看着满桌溢出来的鸡汤，黄容一拍自己脑门，大叫道："这下完了，鸡汤浪费了，我还得挨骂！"

妈妈回来后，黄容主动跟妈妈承认了错误。妈妈看着满桌的狼藉，没有发火，因为发火也于事无补，而且她明白黄容已经知道错了，于是就说："小容，鸡汤为什么会洒呀？"

"妈，对不起，是我不小心，只顾看电视，忘记看着锅了，"黄容回答，"但是，您放心，下次不会了，我会记住这次教训的。"

"嗯，那这次的错误怎么弥补呢？"妈妈问。

"那今天晚上碗就留给我洗吧！"黄容说。

妈妈开心地笑了。

聪明的父母懂得如何引导孩子思考，给孩子反思的机会。孩子犯了错误，父母更要让孩子自己反思自己的错误，然而再尝试自己改正错误，这样才会起到真正的教育作用。孩子犯错误并不可怕，关键是要懂得反思，父母要多留给孩子一些反思的时间，让孩子从每天的反思中成长起来。

父母对问题孩子要有耐心

有这样一群孩子，他们在学习、品德或行为方面暂时存在一些问题，他们纪律松散、学习成绩差，他们常常不听话，还爱逃学或者打架斗殴，这就是老师和父母眼中的"问题孩子"。正因为这些孩子身上存在或多或少的问题，他们有的被父母粗暴对待，常常遭到父母的横加指责或痛打，有的被父母忽视和冷落，甚至干脆被父母放弃，破罐子破摔，走上迷途。殊不知，有问题的孩子恰恰最需要父母的关心和爱护，教育这样的孩子更要有耐心，急不得。

月月的父母工作很忙，对月月疏于管教，月月养成了张扬跋扈的性格，学习成绩还一塌糊涂，上课睡觉、玩手机，后来还染上了偷东西的坏习惯。

一次，月月不经意看见抽屉里放了不少钱，就偷偷地抽了一张百元大钞收起来了。最终纸包不住火，没过多久，妈妈就发现了，问："月月，抽屉里的钱少了，我和你爸爸核对过了，谁也没动，是不是你拿的？"

"你们都没拿就是我拿的呀？我也没拿。"月月故作镇定地说。

"那你身上这件衣服哪里来的？这个价格你的零花钱也不够啊！"妈妈明显已经有充分的证据了。

"我问同学借的，不可以啊？"月月说。

"你这个孩子，偷了钱还不承认，长大了还得了？"妈妈嗓门提高了不少。

"我没偷，我没偷。"月月仍旧不承认，她心想："你们一点儿都不关心我，从来没人问过我零花钱够不够用，就只知道批评我，承认了又怎么样，还不是一顿骂。我就不承认，看你们把我怎么着？"

"你还敢犟，看来不打你是不管用了！"说完，妈妈就扬起手给了月月一巴掌。

月月又羞又怒，但就是不松口，任由眼泪流下来。

妈妈也在心里纳闷，这孩子是怎么了，犯了错误承认了改正了就好了？干吗这么自讨苦吃呢？

其实，月月妈妈的疑问不难解答，正是她粗暴的责骂骂走了月月的诚实。月月偷了钱，妈妈也有了证据，月月内心难免有不安和害怕之感，如果这时候妈妈能够耐下心来，先关心月月为什么偷钱，给孩子一个台阶下，相信月月是会老实承认的。

说到问题孩子，大家的第一反应就是坏孩子，其实，问题孩子并不一定是坏孩子。青春期的孩子由于尚未形成稳定而成熟的人生观、世界观，对一些问题有不正确的看法或行为是难免的。有位哲人就曾经说过："不犯错误，那是天使的梦想；少犯错误，这是为人的准则。"父母不能因为孩子学习成绩差、爱讲粗话骂人、爱打架，就断定孩子没前途，对孩子失去希望。

父母应该持这样一个理念——每一个孩子都能学好，没有差生，只有差异。对待问题孩子，父母更要怀着一颗宽容的心，耐心细致地教育孩子，给予他们帮助和关爱，切不可操之过急，期望他们在短时间内改掉几年养成的坏习惯。唯有经过宽容、耐心的等待，他们身上的"问题"才能逐步改正，批评打骂，甚至放任自流，只会让孩子误入歧途。

对于问题孩子，父母要了解孩子的个性、心理特征以及行为习惯，找准"问题"的症结所在，然后才能对症下药，找到恰当的教育方法。例如有的孩子有厌学情绪，上课不爱听讲，经常逃课，学习成绩差，父母就应该耐心找出孩子厌学的原因。如果是因为学习压力大，那父母就应该适当给孩子减减压；如果是因为孩子自身能力的问题，那父母也不应该放弃孩子，不妨从辅导孩子看课本入手，由易而难，一点一滴地提高孩子的成绩，逐步树立起他们学习的信心，孩子有了进步的动力，就不再讨厌学习。对于爱打架斗殴、说谎等思想品德方面存在问题的孩子，父母就更应该有耐心，持之以恒地对孩子进行思想教育。每一次孩子犯错的时候，父母都应尽量给予及时纠正，在一次次的反复教育中给予他们更多的关注和爱护。

金无足赤，人无完人。每个孩子都有缺点和优点，父母绝不能只看到孩子的缺点，而看不到他们的优点。问题孩子身上虽然存在着这样那样明显的缺点，但也蕴藏着一些不为人注意的优点，他们很少受到关注，需要父母更细致入微地观察，优点才能被挖掘出来。同时，父母应当选择有利的时机积极引导，适当表扬、鼓励，使孩子发扬长处，一步一步养成良好习惯。父母只要真心诚意地关爱孩子，能够做到循序渐进，一步一个脚印，全身心地投入，就一定能取得好的效果。

婷婷是大家眼中的问题学生，染着红色头发，化浓妆，常常迟到或旷课，考试经常不及格，而且纪律意识淡薄，老师曾多次对她批评教育，但收效甚微。

妈妈发现婷婷很爱打扮，于是准备从这方面入手。

"婷婷，来帮妈妈画个眼线吧，我看你画得挺好看的！"妈妈故意说。

婷婷很吃惊，妈妈竟然夸自己了，于是细心地帮妈妈画起来。

"爱美之心人皆有之，但美不应该仅仅是外在的，如果没有内在的美，它们所表现出来的就只是一种轻浮。"婷婷一边画，妈妈一边启发她。

"妈，我懂您的意思，可是我本来就笨，再加上课程落下太多，所以我就不爱学习了。"婷婷说。

"没关系，只要你肯往前赶，妈和你一块儿努力！"

后来，妈妈就抽出了很多时间引导婷婷从最基本的知识开始，一点一滴地复习，取得了不小的进步。妈妈趁机表扬、鼓励她，婷婷的劲头更足了，学习也慢慢赶上来了。

其实，每个人都不会自甘落后，只要父母对待每一个孩子都有耐心、爱心，善于挖掘孩子的优点，激励他们奋发向上，就会成就孩子美好的明天。故事中的婷婷最终能从一个问题孩子转变过来，正是婷婷妈妈一次次的努力、始终不渝的关爱，给了婷婷力量，让她最终成为内外兼修的好孩子。所以，父母对待问题孩子，关键是要有耐心，千万不要指望一次苦口婆心的谈话就能把所有问题都解决掉。对问题孩子的教育就像马拉松赛跑一样，必须有足够的耐力才行。

总之，对问题孩子，父母更要倾注爱心、耐心，努力消除他们的心理障碍，以真诚和宽容唤起他们的进取心，以尊重和赏识激发他们的上进心，从而引导他们健康地成长。

让孩子远离"标签"的伤害

生活中，很多地方都有标签，例如衣服、帽子、书、伞、杯子等各种各样的出售商品上。人们就通过这些标签，来选择自己需要的商品，也经常会根据这些标签，来评判某件商品的价值。

然而，标签一旦贴在某个人身上，往往会给他人留下不好的印象，因为，这种标签一般都是负面的标签。比如父母给孩子贴的"懒"、"笨"、"不上进"等负面的标签经常让孩子感觉很不舒服，自信心和自尊心受到严重的打击。其实，这种标签就是父母急功近利的一种表现，父母想快些把孩子的缺点改掉，就给孩子贴了标签，但这些无意间贴在孩子身上的标签，却伤害了孩子，也很可能影响他的整个人生。

妈妈想让儿子小永学点儿才艺，于是给他报了一个钢琴班。不知不觉小永已经学了一个月。

一天，家里来客人了，大家心血来潮，想让小永弹奏一曲助兴，小永很害羞，连忙推辞说："还没学会，不会弹，不会弹。"后来在大家的鼓动下，小永拗不过只好弹了一曲。

"小永，你的音乐细胞都冬眠去啦？有点儿跑调嘛，还有几个音弹错了呢！"有人调侃小永道，客厅一阵哄笑。

生性内向的小永低下了头，比弹奏的时候更紧张了，觉得自己很失败。

"你怎么这么笨哪？学了一个月了，一首曲子都不会弹？"妈妈也在一旁埋怨小永，"都说笨鸟先飞，就你这样还不多抽点儿时间练习？也别动不动就想着去哪玩，也要多抽出点儿时间多学习知识，懂不懂？"

后来，小永弹钢琴的时候，就常常想起这件事，对大家给自己的评价耿耿于怀，弹钢琴也没了兴致，弹错了就这样安慰自己：自己没什么音乐天赋，弹成这样算可以了。再后来，小永完全放弃了弹钢琴。

其实小永并不是一只"笨鸟"，只是他学习钢琴的时间尚短，水平根本还没达到可以随心所欲演奏的地步。但是妈妈给小永的"笨鸟"的标签，却如烙印一般在小永的心里挥之不去，使得他最终放弃了学钢琴，这是多么可惜的一件事！

不管是成人还是孩子，对他人给自己的评价都是很敏感的，都常常通过周围人的评价来认识自己。积极、正面的评价能够增强孩子的自信心，而消极、负面的评价一方面可能促使孩子反思自己，努力改正，另一方面也可能打击孩子的自信，产生自卑情绪。所以，父母在教育孩子的时候，要谨慎发表对孩子的评价，既不要过分夸奖，也不要过于批评，否则就会在一定程度上影响到孩子的自我评价和自我发展。

有时候，父母无意识的一句话，有可能深深地印在了孩子的脑海里，无形中成了孩子成长路上的绊脚石。因此，作为父母，这种给孩子乱贴标签的行为是十分不妥的。不论孩子表现如何，父母都不应该随便做出"没出息"的负面判断，也不能任意给孩子贴上"笨蛋"、"窝囊废"等灰色标签，因为这些标签不但起不到教育的作用，还会伤害孩子的自尊心，使孩子形成错误的自我认识，对孩子的成长十分不利。

有些父母喜欢用成人的标准去要求孩子，如果孩子达不到要求，或者出了错，父母就会否定孩子的努力，甚至故意贬低孩子，这也是不可取的。比如有些父母经常斥责孩子"你为什么这么笨"、"你怎么这么胆小"、"你怎么这样做事"等。经常受到这种斥责的孩子，往往自信心会受到强烈打击，时间久了，就会在不知不觉中接受这种暗示，承认自己的能力差。因此，父母要学会用长远的眼光看待孩子，适当宽容孩子的小错误，多鼓励孩子，让他继续努力，不要停留在"笨鸟"的乌云下，不敢前行。

积极正面的暗示，能够传达给孩子更多的正能量。对犯了错的孩子，支持和鼓励远比怒火之下的标签更有教育意义。父母在孩子出错的时候，应该放弃那种急功近利的负面责骂，将心态放平缓，以鼓励代替训斥和责备，一句"犯错误是难免的，你做得已经不错了，我相信你下次一定会做得更好的"更能够鼓励孩子知错就改，让他不断地努力，自己认识到自己的错误。

善于发现孩子的每一点进步

一位教育家说过："欣赏是孩子进步的动力。"发现并赞赏孩子的进步，不仅能够增强孩子的自信心，还会提高孩子学习和做事的积极性。可是，现实生活中，很多孩子却处在这样的尴尬中，无论他们做得多好，都很难得到父母的认可。父母总是以自己的高标准要求他们，他们的细微进步被父母忽略了，然而稍有不慎的错误都会被父母揪出来。

杰瑞上高三了，学习成绩还不错。这次月考他的班级排名又上升了五名。

"妈，月考成绩出来了，您看看。这回我考了第八名。"杰瑞乐呵呵地把成绩单递给了妈妈。

妈妈扫了一眼成绩单，说："嗯，不错。试卷带回来了吗？拿来我瞧瞧。"

杰瑞的开心劲儿一股脑儿全跑了，本以为妈妈会发现他排名比上次月考上升了，会夸奖自己呢。

"你看看你，这张数学卷子本来可以多得几分的。整张卷子错了四题，难的咱不说，这道题因为粗心丢了分，这道看错了题目，答得牛头不对马嘴，还有这题漏做，空在那儿，后三道志在必得的题，丢分多可惜！"妈妈分析道。

181

"妈，人有失手，马有失蹄，有时候粗心在所难免的嘛。"杰瑞辩解道。

"嘿，错了就是错了，还找借口，谁跟你一样，这么不求进步啊？"妈妈说。

杰瑞一听，闷头不说话了，心想："是我进步了你没发现！我进步了非但没得到表扬，还挨一顿训，哼！"

妈妈的话像刀子一样，刺痛了杰瑞的心，他觉得自己明明比以前进步了，为什么妈妈就不能鼓励他一下呢？

读过这个故事，对比故事中杰瑞妈妈的做法，家长们是否有似曾相识的感觉？你是不是也因为将过高甚至苛刻的期望附加在孩子身上，进而无视孩子的进步呢？你是不是也很少称赞自己的孩子，还常常骂他为什么不再拿更高一点儿的分数呢？

有相关研究者经过调查发现，父母在孩子小的时候比较善于表扬他们，随着年龄渐长，孩子听到的表扬会逐渐减少，而父母的批评会越来越厉害，孩子常会因为一个错误而连带为以前犯的错误受责骂，而孩子的细微进步却完全被父母忽视了。然而，一点一滴的进步常常是人获得自信，取得成功的不竭动力。戴尔·卡耐基就曾说过："当我们想改变别人的时候，为什么不用赞美代替责备呢？纵使只有一点点进步，我们也应该赞美他，只有这样才能激励他，不断地改进他。"善于发现孩子的进步，学会欣赏和赞美孩子的每一个进步，不但可以增强孩子的自信心，而且还会影响到孩子为人和处事的态度。

聪明的父母懂得用全面、发展的眼光看待孩子，细心观察孩子，耐心寻找孩子进步的地方。孩子排名下滑了，可能写字更工整了，卷面更干净了，可能认识问题、分析问题的能力提高了。当然，孩子的进步不能局限在学习成绩一个方面，孩子的兴趣爱好、动手能力、卫生习惯、为人处世等，都是评价孩子的因素。父母观察的视野开阔了，就不难找到孩子的进步。同时，父母应该拿孩子的今天与昨天比，与前天比，而不是跟别的孩子比，哪怕发现一点儿微小的进步，也应及时给予肯定。孩子虽然又犯错了，可是孩子承认错误的态度是不是较以前更积极诚恳了，是不是学会自己负责任了，这都是值得父母细心去发现的。进步就是在一点一滴中积累的。

"星星之火，可以燎原"，有时，发现孩子的一个闪光点，将它放大，就能照亮孩子的成长之路。聪明的父母一定要善于发现孩子的进步，并予以表扬。人往往会通过他人对自己的评价来认识自己。肯定性评价会愉悦人，产生激励作用。当孩子取得了进步，得到了来自父母的表扬，他们会感到快乐，增强自信心，在生活和学习上，也会更有勇于克服困难的劲头。对于缺乏自信，有自卑感的孩子来说，表扬就更有必要了。

另外，父母要有足够的耐心，因为孩子的成长是一个漫长的过程，进步要一点一点地取得，成功要一点一点地实现，而不是一蹴而就的。

小军的字写得很差，而且字迹还很潦草，常常为此丢分。妈妈也说过他很多次了。渐渐地，小军自己也意识到了这个问题，于是下决心改正。

一次，小军在练字帖，妈妈走过来，脸上显示出欣赏的表情："嗯，这字写得很好啊，比前段时间进步不少啊！"不管写得好不好，小军总能得到妈妈这样的夸奖。

听着妈妈的夸奖，小军更有干劲儿了，说："妈，我一定会努力练习的，这样还能为考试加分呢！"

"嗯，那是当然，而且，俗话说得好，字如其人，字写得好无形中也会增添人格魅力呢！"妈妈接着说。

"嗯，我知道了。"

"但是，练字也是一个长期的过程，不要急于求成，只要今天比昨天强就好。"妈妈说。

在妈妈的鼓励下，小军有了更加努力练习书法的劲头。

这个故事是耐人寻味的，原来孩子的点滴进步受到父母的真心赏识，竟然可以发挥这么大的作用！成长之路布满艰辛，孩子在学习或者生活中总会有一些让父母不满意的地方，但是，孩子一直都在进步，这才是最重要的。只要父母有一双"慧眼"，就会发现孩子的进步无处不在。

第十章
面对青春期的
孩子，父母应怎么做

　　青春期是孩子从儿童向成人转变的过渡时期，是孩子情感强烈、喜怒无常的时期，是孩子最动荡不安、迷惑，同时又充满希望的时期，是叛逆、早恋等各种问题多发的时期。面对青春期的孩子，很多父母都有不同程度的恐慌，有的甚至如临大敌。其实，应对孩子的青春期，这正是对家长的教育之道以及耐心、细心和观察力等多种素质的考验。本章为家长们提供了应对孩子青春期问题的几种教育方法，供家长们参考。

慎重对待孩子的逆反心理

在孩子的成长过程中，父母总是在不断地替他们操心，尤其是进入青春期的孩子，经常令父母感到十分头疼。青春期的孩子自我意识逐渐增强，总是想要摆脱父母的干涉，自己的事情自己做决定。这个时候，如果父母动不动就唠叨、呵斥、命令孩子，那么孩子就会很容易对父母产生抵触情绪，逆反心理就会变得越来越强。很多父母只会抱怨自己的孩子任性、难管教、不愿和父母说心里话，还常常与父母对着干。孩子却觉得和父母没什么好谈的，因为父母总是唠叨个不停，还规定自己不许做这，不许做那，很烦人！

节假日的时候，妈妈和儿子薛贝贝去逛街。在一家服装店里，薛贝贝看到一件喜欢的运动服，就对妈妈说："妈妈，我想要这件衣服，你给我买吧！"

"我看看……"妈妈上下打量了一下衣服，然后摇着头说，"不买！你看，这件衣服的质量不太好，你运动量大，穿不了多久就会穿坏，到时候还得买新的。你去挑件质量好的吧，要不然多不划算！"妈妈皱着眉头仔细地盘算着。

薛贝贝却不高兴了，说道："我就是喜欢这件！妈妈你怎么这样啊，我要什么你都说不好，我喜欢的东西你就这么看不上吗？不买拉倒！"薛贝贝气冲冲地跑出了服装店。

妈妈赶紧跟出去，对儿子说："这孩子怎么这么不懂事？我都说了衣服质量不好，不值！你要真想要，我也可以买下来，但我要提醒你，到时候坏了别说妈妈不给你买好衣服！"

"哼！谁稀罕，我不要了。"说完，薛贝贝甩开妈妈的手，直接回家了。路上薛贝贝心里觉得很委屈，差点儿哭出声来。

妈妈心里也生气，觉得孩子太任性了，可是最后还是把衣服买下来带回了家。

薛贝贝看妈妈还是把衣服买了，其实心里还是很高兴的，但是嘴上却不饶人："谁让你买的？我都说不要了！"妈妈听了很生气，但也不知道该说些什么。

当孩子提出某些要求时，父母最好不要坚决地否定孩子，不考虑孩子的感受就直接说"不"很容易激起孩子的逆反心理，父母越不让他怎样，他偏要怎样。比如故事里的妈妈和薛贝贝，妈妈出于质量考虑不给薛贝贝买衣服，其实是为了他好，但没想到却引起了薛贝贝的逆反心理，让他变得和妈妈对着干起来。

在心理学中，青春期也叫"心理断乳"期，是孩子从幼稚走向成熟的一个过渡时期。这时期的孩子一方面从心理上还依赖父母，另一方面又想摆脱父母的管教，自己做自己的主人。如果父母不清楚这一点，还是把他们当成小孩子看，在打骂管教的过程中，不但会伤害孩子的自尊心，久而久之孩子还会产生逆反心理。而且，越是得不到的东西就越想要，越是不让干的事情就越想干，这是人类心理发展的一般规律。孩子也不例外，因为他们理智程度还不够，逆反的心理也会比成人更强烈。

所以，父母应正确对待孩子的逆反心理，根据孩子的心理特点，循循善诱，慎重引导。

想要缓解孩子的逆反心理，首先父母要看到孩子的成长，尊重孩子，信任孩子，摆正自己的姿态，尽量和孩子保持在一个平等的位置上。如果不顾孩子的意愿，父母单方面地强迫孩子，只会让孩子更不听话，更叛逆。比如，很多父母不问孩子意见，就给孩子报了各种学习班，要求孩子学这学那。如果孩子对这些感兴趣，自然是一件好事，但若是孩子不感兴趣，难免就会在心理上产生反感，不愿意学，不好好学。这时如果父母唠叨和打骂孩子，逼他们就范，孩子的逆反心理只会愈演愈烈。

其次，父母要恰当对待孩子的逆反心理，不要用错应对方法。当孩子出现叛逆行为时，父母可以采取"冷处理"。例如，当孩子跟父母索要东西而不得的时候，一般都会言辞激烈，甚至哭闹，这时候如果父母直接教育孩子，只会火上浇油，把事情弄得更糟。反之，如果父母先对孩子的叛逆行为不予理睬，等事情过后双方冷静下来再和孩子谈，那么孩子也会更愿意听的。

其实，孩子在成长过程中逆反心理的产生是正常的。父母在积极应对孩子叛逆心理的消极面的时候，也应该看到它积极的一面。孩子的叛逆心理并非只有坏处，其实在思维形式上与求异思维有些相似，孩子好奇心更强，求知欲也更强烈。父母要尽量发现孩子言行中的闪光点，并利用这些闪光点，就会促进孩子更好地成长。

为了让孩子能多方面发展，将来在社会上能更具有竞争力，妈妈帮儿子小天报了很多兴趣学习班。这一天，她又为小天报了一个书法班。

"儿子，妈妈给你报了个书法班，明天去上课啊！"妈妈语重心长地说。

"什么？怎么又报了班？我的英语班还没结束呢！"小天皱起了眉头，一想到妈妈又自作主张就很郁闷，大声地对妈妈说，"我不喜欢写字，我不去，不去！"

看着小天这么激烈地反对，妈妈想："这会儿儿子情绪这么激动，跟他讲道理他也听不进去，强迫他去学习的效果肯定也不理想，还是等一阵子再说吧。"

接下来的几天，看电视的时候妈妈有意地看一些书法类的节目，还常常启发小天："学书法不仅能让一个人的字写得漂亮，还能增强一个人的自信心。你看，这些书法家的字，写得多好啊……"

"妈妈，您说得对，说不定学完书法，我再也不会被骂写字像蚂蚁爬了。再说，妈妈您都给我交报名费了，不去白花钱了！"小天对妈妈说。

"儿子，懂事啦！"妈妈开心地笑了。

"妈，我以前不懂您的用心，只知道您总爱强迫我，所以我就不喜欢听您的。现在我明白了。"小天回答道。

父母的"高压政策"也是由于爱孩子的心，可是命令式的强迫，只会激起孩子的逆反心理，让孩子不停地反抗，却并不理解父母为什么要做这些事情。如果父母能够换一种方式，给孩子尊重，在循循善诱中鼓励和教育孩子，当孩子闹情绪时，把自己的想法和做事的原因告诉孩子，冷静地以平和、耐心的态度，在合理的范围内允许孩子自己做选择，那么孩子就会愿意听父母话的。

家长应沉着应对孩子早恋

爱情是一种很美好的感情，可是若发生在孩子的青春期，那父母就会忧心忡忡了。对于青春期的孩子，很多父母心中都有一怕——怕孩子早恋。因为担心孩子早恋会影响学习和身心健康，所以父母就时刻绷紧神经，观察着孩子的一举一动，提防着孩子和异性同学交往：偷看孩子日记、偷听孩子打电话、仔细盘查孩子的行踪、偷看孩子的聊天记录……一旦发现孩子早恋，孩子迎来的便是批评教育。很多父母坦言他们为此伤透了脑筋。其实何止父母伤了，有时父母不正当的处理方式也伤害了孩子的心。

最近妈妈发现娟娟有些异常，回家比以前晚了，情绪波动也很大，有时候一个人偷着乐，有时候看起来又很不开心。

妈妈趁娟娟在客厅看电视，就偷偷翻了她的书包，这才发现原来娟娟和隔壁班一个男生谈恋爱了。

"娟娟，这是什么？你小小年纪就谈情说爱的，没个正经！哪里还有心思学习啊？"妈妈拿着一封情书，训斥娟娟说。

"妈，您怎么这样啊？谁让您偷看我的信了？"娟娟也很生气。

"亏得我看了，不然就更不得了了。你跟妈妈保证和那个男孩子断绝往来！不然你就别想出门了！"妈妈说。

"凭什么？我们就是好朋友而已！"娟娟冲妈妈吼道。

"说不行就不行，要谈等长大了。"说完妈妈就当着女儿面把情书撕了。

娟娟伤心极了，觉得妈妈太可恶了，于是趁妈妈不注意，离家出走跑到奶奶家去了。妈妈找了好几天，才找到娟娟，可把妈妈急坏了。

妈妈为了阻止娟娟早恋，粗暴地撕了孩子的信件，强行命令孩子跟同学断绝往来，这深深地伤害了娟娟的自尊心。在很大程度上，是妈妈不正确的处理方式，导致了娟娟离家出走。这时候孩子需要的是父母的理解、开导和教育，而不是粗暴的打压。我们常常看到，有些父母为了阻止孩子早恋，要么责骂吓唬孩子，要么跟踪堵截防止孩子与异性同学交往。在这种教育之下，孩子会变得自卑、压抑，有的甚至还可能采取极端的方式伤害家人。

其实，随着生理和心理的逐渐成熟，青春期的孩子对异性产生好感，这是一种正常的现象。有的孩子会私下默默喜欢一个人，有的孩子会大胆表达爱慕，递纸条，约会。但是这个时期也正是孩子学习知识、培养素质的关键时期，让孩子知道如何正确地处理与异性的关系是很重要的。如果孩子沉迷于谈恋爱，一定会分散学习的精力，影响学习。所以作为家长，如何正确应对孩子早恋就至关重要了。

孩子在青春期，心理上有爱慕异性的冲动是正常的，父母要转变观念，不要把孩子与异性之间纯洁的友情也视为早恋，应该站在孩子的角度看问题、与孩子沟通，多了解他们的内心世界，进而引导孩子正确地区分友情和爱情，教育孩子在与异性交往时要把握分寸，理智地交朋友。

父母是孩子最亲近的人，多些对孩子的关注，对预防孩子早恋是很有帮助的。父母要与孩子多沟通，和孩子谈心，了解他们的所思所想。同时在生活中，父母要细心地观察孩子的细微变化，如果发现孩子有早恋的倾向，可以委婉地教育孩子，让孩子认识到早恋的危害。父母还可以丰富孩子的业余生活，鼓励孩子多看书、参加体育锻炼，以此来吸引孩子的注意力；父母可以鼓励孩子多参加集体活动，创造一些与异性正常接触的机会，消除孩子对异性的好奇心。

如果发现孩子有早恋行为，父母也不要惊慌，更不要采取打压的方法，因为打压可能会适得其反，其实，真诚、坦率地和孩子讨论早恋问题才是解决之道。父母应该宽容、信任孩子，可以为孩子讲述自己青春期的经历，帮他们建立积极、健康的爱情观，可以讲述早恋的危害，让孩子用理智战胜不成熟的爱情。另外，父母也需要认真反思家庭教育存在的不足。因为早恋的孩子有一些是长期缺乏父母的关爱，才不得不通过外界寻求理解，寻找感情寄托。总之，父母要多关注孩子，和孩子沟通，为孩子营造愉快、和谐的家庭氛围。正如心理学家所说："抵抗早恋最有效果的武器就是家庭和亲情"。

兰兰吞吞吐吐，欲言又止，最后，终于告诉妈妈自己喜欢班里一名男同学。

妈妈说："你喜欢他一定是有原因的，对吧？他身上一定有让你欣赏和崇拜的地方，对吗？你喜欢这个男孩的什么呢？

兰兰看妈妈没批评她，还很理解她，大胆地说："对呀，他不但学习成绩好，而且长得可帅了，还特别幽默。"

妈妈赶紧抓住时机说："妈妈觉得兰兰是一个很有眼光、很有品位的人呢！"

兰兰听妈妈说完就开心地笑了。

"妈妈像你这么大的时候，喜欢上了你爸爸，但是妈妈十分理智地战胜了自我，读大学时才和你爸爸谈恋爱，既没耽误学习，现在也过得很幸福，你说是吗？"妈妈接着说。

女儿既诧异又欣喜地对妈妈说："妈妈，我懂了，我会好好处理的。妈妈，您真好，我的好多同学都为这种事挨家长骂了。"

这位母亲是一位高明的母亲，她没有直接打压孩子的感情，而是用委婉的方式教育了孩子，很值得借鉴。只要父母多方面分析，在沟通中理解孩子，在预防中教育孩子，在问题中引导孩子，就可以做到沉着应对，孩子早恋的问题也一定会迎刃而解。

如何戒掉孩子的游戏瘾

随着互联网的发展和普及，很多孩子都学会了上网。虽然网络中也能学到很多知识，但更多的孩子却把网络游戏当成了他们生活中的一部分。如果孩子在学习之余合理地上网玩游戏，那倒没什么可阻拦的，但是很多孩子的自控能力较差，一旦接触到网络游戏，极容易染上游戏瘾，导致学业荒废，精神颓丧，很多父母为此感到苦恼不已。

很多时候，人们经常可以看到青少年沉迷网络后，毁掉自己的大好前程，甚至导致家庭悲剧发生的新闻。这样的案例屡见报端，让父母的心情更加沉重，一旦看到孩子上网玩游戏，就抱着"恨铁不成钢"的心态呵斥、谩骂孩子，甚至对孩子动粗。

其实，孩子玩游戏成瘾，很大一部分原因和父母不合理的管教方式有关。不合理的教育方式，不仅无法让孩子戒掉游戏瘾，如果处理不恰当，还有可能伤害到亲子间的和睦关系。

最近，刘庆文的爸爸为家里添置了一台电脑，方便儿子查一些学习资料。没想到刘庆文竟然迷上了网络游戏，只要不上学，就会把自己关在电脑房里玩游戏，还不让别人进电脑房，对待父母和朋友也越来越冷漠，逐渐把自己封闭了起来。

"又在玩游戏，快给我关了！不能出门玩会儿啊？"爸爸很生气，大声地吼道。

刘庆文打游戏正打得聚精会神，哪里有空理爸爸？他连头也没抬。

"你这小子，越来越不听话了！"爸爸是个暴脾气，说完就把网线拔了。

"你干吗？我的经验都没啦！烦人！"刘庆文眼看着自己辛辛苦苦几个月的战果眨眼就没了，"哇"的一声摔下了鼠标。

"你这小子，还跟我横！"爸爸扬起手，打了刘庆文一巴掌，并命令道，"不准再玩电脑，快看书去！"

刘庆文捂着脸，夺门而出，发誓再也不回家了。他找了一间网吧，疯狂地玩起了游戏，一玩就是一个星期。

爸爸妈妈急坏了，饭也吃不下，找了刘庆文好多天，最后终于在网吧找到了他，爸爸又是对他一顿暴打。

此后，刘庆文不敢在爸爸眼皮底下玩游戏了，开始逃课，或者利用爸爸不在家的时候玩，渐渐地学习成绩下滑了，人也变得消沉了。

故事中的孩子刘庆文沉迷于网络游戏，这让他的父母十分苦恼。爸爸为了让儿子戒掉游戏瘾，不惜责骂、动粗，各种方式都用上了，却最终逼得儿子离家出走。虽然爸爸是一番好意，想让儿子远离游戏，但却用错了管教方式。如果爸爸能换一种比较温和的方式来教育刘庆文，可能早就把他从网络游戏中解救出来了。

现如今，升学压力越来越大，学校和父母为了让孩子能考个好学校，对孩子的学习成绩格外重视。这让孩子在学习中感觉压力越来越大，课业负担也日益繁重。人在有压力的时候，首先想到的是逃避，接着才是迎难而上。作为孩子，他们自然更喜欢逃避现实的压力。而游戏作为一种娱乐和放松的方式，既可以帮助孩子缓解压力，消除烦恼，又可以让孩子逃避现实，在虚拟的生活中，获得现实中难以实现的满足。

但是，有很多网络游戏充斥着过多的血腥和暴力，内容是不健康的，而且孩子一旦沉迷于游戏，势必会影响学习。所以，父母应积极引导孩子，远离或有节制地玩网络游戏，帮孩子做一个游戏规划，玩可以，但要健康地玩。父母可以与孩子沟通和协商，合理安排玩游戏的时间，在父母进行监控的同时，也教孩子学会自我控制，比如定闹钟、使用加密和安装相关软件等，用这些方法来进行约束。同时，不要把电脑放置在孩子的房间，这也是一种很好的控制孩子玩游戏的方法，能在很大程度上减少孩子使用电脑的时间。在父母的合理调控下，孩子会逐渐养成合理上网的好习惯，这样也就不会沉湎于网络游戏而不能自拔了。

其实，很多玩游戏成瘾的孩子之所以会陷进去而无法自拔，并不是单纯地贪图享乐，而是因为他们的学习成绩不太好，在父母的期望下，觉得压力很大而选择逃避，而从游戏中，他们不但可以挑战关卡，还能挑战自我，从而使他们的能力被发现和肯定，让他们在获得了自信和成就感的同时还结交了很多志同道合的朋友。

所以，父母应该舍弃原来的教育方式，不要只对孩子进行打骂教育，还要学会多鼓励和肯定孩子的作为，帮助孩子一点点建立起自信心。当孩子的学习成绩下降时，父母不要急着批评，要先根据孩子的具体情况，提出一些低的要求，然后不断地鼓励孩子，等孩子达到了低的目标，再提出下一个较高的目标，让孩子逐渐拾起自信，获得提高。

另外，父母也可以帮助孩子培养一些兴趣爱好，以转移孩子痴迷于游戏的注意力。比如鼓励孩子多读书、和同学一起打球、郊游等。这些活动能让孩子在现实生活中找到快乐，当孩子体会到这种快乐后，自然就不会沉迷于虚拟的网络游戏中了。

当然，在帮助孩子戒掉网瘾的过程中，父母不能急功近利。要知道，孩子的自制力较差，很容易在戒掉游戏瘾的过程中出现反复，父母要做好打长期战的准备，对孩子的教育工作要有足够的耐心，积极帮助孩子走出网络游戏的毒害。

最近，王大力玩网络游戏上瘾了，常常夜不归宿泡在网吧里上网玩游戏。爸爸妈妈为此十分着急，每天都要在各个网吧寻找儿子的身影，找到之后，各种教育方法都用尽了，也不见效果。最后没办法，爸爸妈妈只好找来王大力，想和他认真地谈一谈。

"王大力，你玩网络游戏多长时间了？"爸爸问。

"一年了。"王大力看爸爸没有骂他就小心地回答道。

爸爸接着问儿子："你有没有战胜所有游戏对手？"

他回答："没有。"

爸爸接着说："知道为什么你不能战胜所有对手吗？儿子，因为你不知道游戏幕后的背景。"于是爸爸给王大力讲了游戏的来历，介绍了高校里有专门的游戏设计的课程，然后说："为什么会有那么多人玩游戏？因为游戏有一定的趣味性，但你还太小，往往控制不住自己，所以容易沉迷其中。"

听了爸爸的话，王大力在接下来的几天查了很多关于游戏方面的知识，这才恍然大悟，他感觉自己正在浪费时间做一件愚蠢的事。

几天后，他跟爸爸说："爸爸，我想戒游戏瘾。"

大喜过望的爸爸不但没有再阻止儿子上网，反而还在家里装了一台电脑，做好上网计划后，就把电脑的使用权交到了王大力的手上。而王大力也没有食言，彻底告别了网络游戏，家里的电脑被他用来当作学习的工具，合理地利用了起来。

游戏是一把双刃剑，它可以带给孩子欢乐，也可以将孩子拉入虚拟世界的深渊。如果父母能在孩子玩游戏成瘾的时候对孩子进行合理的教育，不怕反复，持之以恒，耐心监督，坚持鼓励，那么，就能有效地帮助孩子脱离游戏的苦海了。

不要把孩子"扼杀"在专制教育之下

现在的孩子大多是独生子女，因此，父母把更多的期望和爱倾注在了孩子身上，为了让孩子少走弯路，很多父母在孩子还小的时候就为他安排好了一切，无意识中让孩子生活在父母的专制之下。在这样的家庭中，什么事都是父母说了算，父母的话是绝对不允许反抗的，父母就是权威。这样的父母常常以自己的想法来要求孩子，而孩子只能选择无条件地服从，否则就会被认为是不听话，受到父母的指责和训斥。如果孩子长期生活在这种专制教育下，就会感觉十分痛苦，严重影响亲子间的关系。

今天，田红红和妈妈又吵架了。

田红红放学回来，先回房间画起了画。

妈妈进来看到后，就质问她："谁让你先画画的？你作业做完啦？"

"没，我先画画不行吗？只画一会儿，休息一下再做作业吧。"田红红小声地说。

"不行，先做作业去！作业重要，考试又不考美术。"妈妈说。

"考试又不考，那你为什么还逼我学呀？学了又不让我画……"田红红不高兴地顶嘴道。

"你这孩子怎么这么犟呢？我还不都是为你好？快去！"

田红红在妈妈的逼迫下只好乖乖地去写作业了。可是田红红心里充满了对妈妈的埋怨："妈妈，你就是个'暴君'，什么都是你说了算，你从来都不在乎我的感受，我讨厌你！"

在上面的故事中，妈妈无疑是爱女儿田红红的，只是这种爱却伤害了田红红。妈妈的行为比较专制，自认为是为女儿好，为女儿安排好了一切，但她没有考虑田红红的真实感受，最后伤害了田红红的心。

父母这种极端的爱，并没有真正站在孩子的立场看问题，他们不了解孩子的真实想法，不懂得孩子的感受，只是想当然地把自己的意志强加给孩子，自作主张地为孩子规划好了未来的成长路线。其实，这对孩子的成长是十分不利的，会让孩子逐渐失去自我，变得无法独立起来。

有一个教育家说过："如果我们总'接受'别人对自己的评价，就会相信他们的评价更真实。通过别人的观点来认识自我，这种从外在因素认识自我的逆向方式，只能使自己对自我的认识更加模糊。"父母的专制行为会让孩子逐渐变得依赖父母，并以父母的意志为中心，遇事缺乏独立的自我判断，久而久之，面对生活，孩子就会变得无法独立，总想依赖别人来解决问题。

试想，一个没有自己想法的人，如何才能成长为社会所需要的人才呢？所以，父母在管教孩子的时候，不能太过专制，应该给予孩子更多的自由，让孩子自己做主，在父母的指导下，决定自己的未来。

父母要了解孩子的感受，尊重孩子的意愿，在某些决定上，不能一味地强迫孩子，而应该多从孩子的角度来考虑问题，给孩子一些选择权，让孩子掌握判断是非的能力。对于孩子厌烦的事情，父母不要强迫他们去做，如果父母认为某些事情确实很有必要，也要耐心地引导孩子，摆事实，讲道理，要说服孩子心甘情愿地去做这件事，而不是以"高压政策"逼孩子去做。

另外，许多青春期的孩子有叛逆心理，对于父母交代的事情，他们难免不愿听从，甚至有的还会和父母顶嘴。这时候，父母不要因为伤心难过而对孩子大声斥责，要尽量保持平和的心态，让孩子把自己的心里话讲出来，了解孩子的真实想法。当孩子在辩解的时候，父母应该真诚地去倾听孩子的理由，不要凭主观臆断或一面之词而妄下结论，更不能当众打断孩子的发言。如果孩子比较内向，不愿意把心里话对父母讲出来，父母也不要着急，要学会从孩子的表情、动作中寻找孩子的想法，多察言观色，主动和孩子交谈，引导他慢慢地说出自己的想法。

学校要组织攀岩活动，武磊的家里为此召开了一次家庭会议，谈论武磊应不应该参加。

武磊说："爸爸妈妈，我想去参加学校组织的户外攀岩活动。"

爸爸说："攀岩是一个挺危险的项目，儿子，你不怕吗？"

武磊回答道："爸爸，我不怕。"

"嗯，如果不怕的话，去参加一下，也是一次锻炼胆量的好机会！"爸爸继续说道，"但是，你要做好准备，攀岩需要有足够的体力和坚韧的毅力！"

妈妈说："我不同意武磊参加。攀岩太危险了，万一摔下来，摔伤了怎么办？不但影响身体健康还会耽误学习！"

武磊说："妈妈，不会的，攀岩活动有很完善的保护措施，不会出问题的。我想通过这次活动来磨炼自己的意志，男子汉就应该勇于挑战！"

"对呀，都有安全措施的！而且，让孩子去锻炼锻炼，对身体也好呢！"爸爸劝妈妈说。

"嗯，那好吧。我也同意。可是儿子，你可得答应妈妈，一定要注意安全哪！"妈妈关心地叮嘱道。

"哇，爸爸妈妈，你们真是太好了！"武磊开心地说道。

孩子在接受教育的过程当中，如果父母总是蛮不讲理，不考虑孩子的想法，孩子就会开始反抗父母的专制，甚至还会在这种压抑的环境下迷失自我。所以，父母在管教孩子的时候，不要过于武断，要相信自己的孩子一定可以处理好自己的事情，要鼓励孩子去努力，去思考，不要过分依赖父母。要赋予孩子自我发展的权利，这才是真正地爱孩子。

放下架子，和孩子平等相处

人人生而平等，每个人都是独立而平等的个体，可是在家庭生活中，很多孩子正享受着不平等的待遇。"快去写作业"这样带有命令口吻的话语经常从父母的口中说出，"你不能"、"你要"、"你应该"等这样的词语也常常挂在父母的嘴边。一些父母认为，孩子还小，理所应当对父母言听计从，这样才能少走弯路。这样的父母在与孩子相处的过程中，无法做到与孩子平等相待，常常在无形中伤害了孩子。

明明一家要搬新家了，爸爸妈妈正在为装修的事情忙前忙后。明明也常听到爸爸妈妈为了一件小事，比如地板要什么颜色、吊灯要什么样式的等讨论得不亦乐乎。

"孩子他爸，我们忙活了这么多天，装修终于差不多了，接下来就看东西都往哪里摆了。"妈妈对爸爸说。

"太好了，马上就能住进来了！爸爸妈妈，辛苦了！"明明兴奋地插话道。

"是啊，爸爸妈妈这么辛苦，还不是为了你呀？所以你更得在学习上加把劲儿才行。"妈妈说。明明一听就不高兴了，觉得妈妈又在变着法儿给自己施压了。

妈妈接着说："他爸，你说，电脑桌是放在书房，还是放在咱们卧室呢？"

"当然是要放在书房啦，这样大家上网都方便嘛！"明明急着说，就怕爸爸妈妈把电脑放在卧室，以后他进出就不方便了。

"大人说话，你插什么嘴啊？别以为我不知道你打什么小算盘呢！放书房，你就能偷偷溜进去上网了吧？"妈妈说。

"不是，不是，我是怕放在卧室影响你们休息，电脑还有辐射呢！"明明急忙解释到。

"瞎说什么，哪有那么大辐射啊？快去写你的作业去！"妈妈完全不理会明明的话。

"那既然这样，还是放卧室吧。这样孩子能少玩点儿游戏。"爸爸最后发话了。

明明只好悻悻地写作业去了，心里暗暗发誓，以后再也不多话了。

在上面这个故事中，作为一个孩子，明明在这个家里是没有发言权的，他的话根本得不到爸爸妈妈的重视。明明积极地建言献策，反而招来了妈妈的斥责，在父母面前，得不到父母的平等相待，这深深伤害了明明的心灵。

在家庭生活中，父母能够与孩子平等相处是非常重要的。尤其是孩子进入青春期后，父母更要注重家庭成员之间的平等。青春期的孩子敏感、叛逆，父母只有尊重孩子、信任孩子、与孩子平等相处，才能建立起与孩子平等交流的平台，从而更好地了解孩子、教育孩子。

首先，父母要做的就是放下家长的架子，尊重孩子，这是与孩子平等相处的前提。那该如何做到尊重孩子呢？这就要求父母在与孩子相处时，态度要真诚，不要以长者自居，对孩子呼来喝去，摆出一副教训的姿态。当孩子发表自己的意见时，父母不要打断他的话，而是在恰当的时机，慢慢引导。除了听孩子说，父母还应该鼓励孩子说，和孩子进行朋友式的交流。许多父母和孩子交谈时缺乏足够的耐心，对孩子的话置之不理，或者因为孩子不成熟的一两句话就大动肝火，这样，孩子就会觉得自尊心受到伤害。在交谈中，父母能够和孩子自由讨论，允许孩子表达各种不同的见解，这才是真正地对孩子好。

其次，许多父母独断专行的做法是不可取的。父母将自己的意志强加给孩子，只会招致孩子的反感，而学会征求孩子的意见，才是真正的平等相待。比如家里的事情父母可以和孩子探讨，让孩子参与到家庭事务管理中来，鼓励孩子说出自己的想法，并且适当听取并采纳孩子的合理化建议，久而久之，孩子就会感受到来自父母的尊重，就会愿意和父母做朋友。同时，父母也应该充分给孩子做事的自由，让孩子做力所能及的事情。如果孩子在做事的过程中出现错误，父母应该站在孩子的立场上来帮他分析，而不应该站在大人的立场上来判断对与错。

周末了，华华提议全家一起出去郊游。

"爸爸，现在春暖花开，正是春游的好时候呢！我们全家好久没有一块儿出游了，周末出去玩吧？"华华满心期待地看着爸爸。

"嗯，去郊外呼吸呼吸新鲜空气，欣赏欣赏美景挺不错的。可是爸爸先要问问你，你周末作业多不多呀？"爸爸说。

一听爸爸提作业，华华料到此行肯定泡汤了，于是嘟着嘴说："还那样吧！"

　　不承想爸爸却说："那咱们后天去行吧？明天你先把作业完成了。你看啊，如果明天去玩，回来你肯定很累，哪里还有心思写作业啊？你说是不是？"

　　"嗯。爸爸考虑得真周到。我还以为你又要命令我待在家里写作业呢！"华华开心地笑了，觉得爸爸变了，不再是以前那个喜欢下命令的独裁者了。

　　最后，家庭教育的平等也应该是相互的。尊重孩子，与孩子平等地交流、相处，这是我们所提倡的，但在现实生活中，平等常常被扭曲，致使有些家长过分地呵护孩子，对孩子有求必应，孩子成了家里的"小皇帝"、"小公主"，父母的良苦用心反而造成了教育上的反效果。这就要求父母在平时的生活中应该有自己的原则和底线，不能总是跟着孩子的要求走。平等相处不能成为溺爱孩子的借口。

　　每个人都希望被尊重、肯定和认同，孩子也是一样，当他感受到来自父母的诚意，便会对自己增加信心，乐意敞开心扉，与父母像朋友一样相处。尊重孩子，信任孩子，与孩子平等相处是家庭教育的新理念。如果父母能够很好地将这一理念运用到日常生活中，就会发现青春期的孩子其实也不是那么难管教的。

莫让功利思想挡住孩子成长的路

庄子有言"吾生也有涯，而知也无涯"，人的一生就是不断学习的过程，特别是对于孩子来说，知识的积累是日后成功的基础。父母更是深谙这个道理，所以为了让孩子能够全面地吸取知识，他们为孩子提供了各种学习知识的渠道，除了学校老师教授的知识，还为孩子报各种补习班：奥数、英语、国学、才艺……而跟学习无关的事情，父母都不鼓励甚至禁止孩子去做。父母都希望孩子能出类拔萃，但是抱着急功近利的思想，不考虑孩子自身的学习状况，其实对孩子的学习是不利的。

小雨的语文成绩一直名列前茅，特别是作文，常常被老师选为范文。妈妈为此越发重视小雨写作能力的培养，希望女儿能够获一些奖，为将来高考加分。

"小雨，妈妈在新华书店给你挑了几本书，抓紧时间看看啊！"妈妈说。

"上回买的还没有看完呢！您又买了什么书？"小雨不耐烦地问道。

"买了一本《写作范文100篇》，还有一本《红楼梦》，四大名著之一呢！"妈妈开心地说，满以为女儿会高兴。

　　谁知小雨皱起了眉头，说道："妈，您让我整天看书，看得我脑袋都大了！"

　　"女儿，妈妈还不是为你好？多阅读一些书籍对提高你的写作能力会有很大帮助的，多积累素材才能写得好嘛。如果写得好，考试就能考高分，就能上个好大学。如果能够获得一个省级或者国家的奖项那就更好了！"

　　"可是，妈，我不爱看《红楼梦》，这书中的故事情节太复杂，我看不下去！我喜欢看侦探类的小说，情节紧张，可有意思了！同学们都在看！"小雨说。

　　"侦探类的小说不就是讲怎么破案的，你写作文有这方面的题目吗？看了也不能提高学习成绩，只会消磨时间，还是多看看跟学习相关的书吧！"妈妈说。

　　小雨见跟妈妈话不投机，就不说话了。为了不再听妈妈不厌其烦的唠叨，她闷着头看起了妈妈指定的书，却发现怎么也看不进去。

　　在妈妈看来，读书的目的只有一个，那就是提高小雨的学习成绩。而侦探类小说与所学相差甚远，对提高小雨的写作能力没有直接的帮助，所以妈妈不赞成小雨阅读。妈妈的出发点是好的，希望女儿成绩得到提高，但是这种急功近利的教育方法在无形中也伤害了孩子。

　　其实，阅读就像吃饭一样，是人的一种自然需求，但是，有的父母总是认为，读书要有一定的功用才行，他们不认为阅读也可以是一种娱乐方式，这是一个误区。有的父母会拿着孩子的成绩单说"让孩子读这么多书，有什么用啊，成绩也没有提高啊"，有的父母说"孩子不能看课外书，那只会让他们无心学习"。其实，无论什么样的书，只要适合孩子的年龄段和心理成长，那对孩子来说就是有用的，父母都应该允许或者鼓励孩子阅读。教育孩子也是一样，父母不应该让孩子的成长之路蒙上功利化的阴影。父母只有设身处地地为孩子着想，顺应孩子的天性，迎合孩子的兴趣爱好，为孩子提供他们真正适合和需要的东西，才有利于孩子的成长。就拿阅读来说，父母千万不要抱有急功近利的思想，让孩子为了应付考试而读名著，这样只会适得其反，让孩子越来越不爱读书。只有让孩子真正体会到课外阅读的乐趣，阅读才能成为孩子的自觉行为，才能从根本上滋养孩子的精神。

父母都希望自己的孩子能赢在起跑线上，成为人中龙凤，甚至有些父母觉得只有将孩子培养得成绩优异才能证明父母对孩子的爱。其实这种染上了功利思想的爱会压得孩子喘不过气来。在这种功利化思想的影响下，父母会对孩子抱有过高的期望，希望孩子考取更高的分数，上更好的学校，这在无形中就给孩子造成了很大的心理负担，比如孩子放学回家，父母关心的是孩子今天学了什么、考了多少分等。

俗话说，父母是孩子的一面镜子，孩子的很多行为、想法都是在和父母互动的过程中形成的。所以父母在教育孩子时，还应该避免用外在条件去刺激孩子，使得孩子以功利化的思想去看待问题。如考试前承诺孩子如果能考100分，就奖励平板电脑，这样的激励法是不可取的，因为这样只会让孩子觉得努力学习是为了获得物质奖励，而不是因为他喜欢学习。

快放暑假了，同学们都在交流着暑假报了哪些辅导班。当然他们都是不乐意的，因为这都是父母的决定。趁妈妈还没有替自己做决定，小乐准备先下手为强。

"妈，同学们暑假都报了辅导班，我也要参加吗？"小乐小心翼翼地问妈妈。

"妈妈正在考虑呢，你想参加吗？"妈妈说。

"妈，我不想补课了，您看我各科都掌握得很好，不是吗？不如我们出去旅游吧？好久没有出去玩了。"

"嗯，妈妈也是这么想的，知识的学习不是一天两天就能成功的，况且你现在学得很好！妈妈也不想让学习成绩压得你喘不过气来。"妈妈说。

"妈，我好多同学的父母都逼他们参加辅导班，您就不这样做，而是根据我的学习情况安排我的学习，您太开明了！"小乐开心地说。

正如一位哲人所言："既然不能做参天大树，那就做一棵默默无闻的小草吧，但是一定要做一棵快乐无忧的小草。"父母希望孩子成功，这本来无可厚非，但是如果凡事以功利化的思想去教育孩子，而视孩子的幸福为可有可无的东西，就是本末倒置了，教育的终极目的，是要让孩子做一个幸福快乐的人。